변혁을 위한 교육과정

기독교적 교육과정, 어떻게 만들 것인가?

변혁을 위한 교육과정

기독교적 교육과정, 어떻게 만들 것인가?

초판 1쇄 인쇄 2023년 12월 15일
초판 1쇄 발행 2023년 12월 29일

지은이 호주 기독교교육연구소
옮긴이 류재신. 이현민
기획 교사선교회 출판위원회
편집 강민영
디자인 이명선
제작 이광우
총무 이성경
인쇄 한국학술정보㈜

펴낸곳 템북
펴낸이 김선희
주소 인천 중구 흰바위로59번길 8, 1036호
전화 032-752-7844
팩스 032-752-7840
이메일 tembook@naver.com
홈페이지 tembook.kr
출판등록 2018년 3월 9일 제2018-000006호

ISBN 979-11-89782-94-8 03230

※ 책값은 뒤표지에 있습니다. 잘못된 책은 구입하신 곳에서 교환해드립니다.
※ 템북은 아이들이 꿈꾸게 하고, 교사들이 소명을 깨닫게 하며, 교육에 새로운 희망을 주는 책을 만듭니다.

기독교적
교육과정,
어떻게
만들 것인가?

호주 기독교교육연구소 지음
류재신, 이현민 옮김

Transformation by Design: The Big Picture

변화를 위한
교육과정

템북

추 천 사

지금 우리나라 기독교 교육의 가장 중요한 과제는 헌신적인 교사 양성과 함께 성경적 교육 과정의 개발이라고 할 수 있습니다. 이번에 우리말로 번역된 『변혁을 위한 교육과정』은 현재 우리 상황에 꼭 필요한 저서입니다. 기독교 학교 선생님과 학부모님, 교회나 기독교 관련 교육을 담당하시는 분들, 공립학교에서 일하시는 그리스도인 선생님들에게 꼭 읽어 보시길 추천합니다.

김선요(서울여자대학교 명예교수)

진정한 기독교 교육을 하고자 하는 모든 기독교육자들의 손에 꼭 들려 주고 싶은 책이 출간되었습니다. 진정한 기독교 교육은 하나님의 언약을 통해 창조세계를 탐구하고 하나님께 반응할 수 있도록 해야 합니다. 이 책에서 제시하는 모델이 이를 가능하게 합니다. '빅 픽처 모델'은 전이가 높은 지식 습득을 목적으로 하는 이해 중심 교육과정 이론을 기반으로 할 뿐 아니라 독특한 '제자도 반응' 요소를 두고 있습니다. 그래서 학습자들이 하나님의 대리자로서 학습한 내용을 삶으로 살아내고 사회 변혁으로 나아가도록 하는 교육과정을 재구성할 수 있도록 합니다. 꼭 필요한 책이 번역되어 한없이 기쁩니다.

김정효(이화여자대학교 초등교육과 교수)

그간 성경의 세계관에 근거한 교육과정을 설계해야 한다는 주장은 많았으나 실제로 어떻게 해야 하는지에 대한 구체적인 방법은 제대로 소개되지 않아 많은 이들이 갈증을 느껴 왔습니다. 이 책은 그들의 목마름을 해결해 줄 맑은 우물과도 같아서 그리스도인 교사들에게 교육과정 설계의 길라잡이 역할을 할 것입니다. 기독교 학교와 기독교 대안학교는 물론 공교육에서도 올바른 세계관에 근거한 교육과정의 재구성과 설계를 고민하는 모든 교사에게 얼음냉수 같은 시원함을 선사할 것입니다. 책을 공역한 두 역자는 개혁주의 신앙을 바탕으로 공교육과 대안교육 분야에서 오랜 경험과 통찰력을 쌓아 오신 분들이기에 더욱 신뢰하는 마음으로 이 책을 추천합니다.

김종훈(건국대학교 사범대학 교직과 교수)

누군가 빨리 번역해 주었으면 하고 기다리던 책입니다. 두 번역자의 많은 고뇌 덕분에 기독교 세계관을 교육에 어떻게 녹일지에 대한 구체적 논의를 담고 있는 책을 읽을 수 있게 되었습니다. 특히 국가 교육과정에 관심이 소홀한 대안학교 관계자들이 읽고 심도 있는 토의를 통하여 귀한 통찰을 얻을 수 있게 되어 기쁘게 생각합니다.

박상호(아신대 교육대학원 외래교수, 군포중앙고등학교 교사)

지금 대한민국 기독교 대안학교에 절실하게 필요한 것은 무엇일까요? 바로 성경적 세계관에 바탕을 둔 각 교과 교재(교과서)입니다. 이런 절박한 시기에 『변혁을 위한 교육과정』은 성경적 세계관에 바탕을 둔 교재가 빈곤한 우리에게 더 없이 좋은 선물이요, 친구가 될 것 같아 반갑고 감사하기만 합니다. 이 책을 통해 그리스도인 교사들에게 깊은 통찰과 성찰이 있기를 간절히 기대합니다. 너무 반가운 선물입니다.

신병준(소명학교 교장, 한국기독교대안학교연맹 이사장)

이 책은 하나님의 말씀을 교회뿐 아니라 교육과 교과 지식에까지도 적용하는 교육과정을 만드는 데 꼭 필요한 책입니다. 이것은 그리스도는 학교에서 공부하고 배우는 모든 만물의 창조주이시며 보존자이시라는 사실에 기초합니다(골 1:16, 17). 이 책은 그리스도인 교사들이 교과 교육을 통하여 학생들을 문화명령을 수행하여 세상의 빛과 소금, 선한 영향력을 제공하는 왕이신 예수님의 대리 통치자들로 양육하도록 단원 계획서를 작성하는 데 필요한 안내서가 될 것입니다. 성경을 교실 수업에 적용하는 데 관심이 있는 사람이라면 누구나 이 책의 가치를 발견할 것을 믿어 의심치 않습니다.

웨슬리 웬트워스(한국 IVP 고문)

기독교 학교 교육의 사명은 학생들이 그리스도를 따르는 제자의 삶을 살도록 초대하고 도전하며 안내하는 교육과정과 가르침을 통해 이루어집니다. 이 책은 그리스도인 교사가 이 사명을 수행하는 데 필요한 수업 설계의 모델을 제시합니다. 교실에서 자신의 수업을 통해 학생들이 하나님 나라의 비전을 바라보고 이해하며, 실천하고 응답하는 삶을 살도록 이끌어주기를 간절히 열망하는 교사들은 이 책에서 그 방법을 만나게 될 것입니다.

이정미(한동대학교 교육대학원 객원교수)

"모든 교과를 기독교적으로 가르쳐야 한다"는 당위는 있으나, 오늘날의 현실은 그것이 불가능하다며 포기해 버리거나 갈증으로만 남아 있는 것 같습니다. 2019년에 기독교학교교육연구소에서 실시한 기독교 대안학교 교사들에 대한 집중적인 연구에 따르면, 기독교 대안학교 교사들은 성경적 세계관에 근거한 교과 통합 능력이 중요하다고 생각하지만, 자신이 그 전문성을 보유하지는 못했다고 여기고 있습니다.

기독교적으로 교과 가르치기에 대한 새로운 전환점과 돌파구가 필요한 시점에 이 책이 다시 새로운 활력을 불어넣을 것이라 기대합니다. 많은 기독교 학교 교사들이 이 책을 함께 읽고 서로 실천한 것들을 공유하는 움직임이 일어나기를 바랍니다. 기독교적 가르침에 대한 기독교 학교 교사들의 오랜 갈증이 해소되기를 간절히 소망합니다.

이종철(기독교학교교육연구소 부소장, 장로회신학대학교 객원교수, 한국교원대 교육정책전문대학원 겸임교수)

진실하게 성경적으로 교과를 가르치고자 하는 기독교 학교 선생님들이 던지는 대부분의 질문은 "기독교적 관점으로 교과를 어떻게 디자인하고 가르쳐야 하나요?"였습니다. 좋은 기독교 학교들조차도 그 해답을 쉽게 제안하지 못하고 교사들의 재량에 맡기고 있는 현실입니다. 교육과정을 디자인할 좋은 틀이 부재하기 때문입니다. 이제 다시 후배들이 찾아온다면 이 책으로 답하고 싶습니다. 그리고 그들과 연구 공동체가 되어 함께 탐독하고 발제하고 디자인하며 소통하고 싶습니다. 밤새우며 여러 학교의 선생님들과 함께 세상을 변혁하는 '빅픽처'를 상상하는 모습이 그려집니다.

장슬기(높은뜻씨앗학교 교감)

호주의 기독교학교협회(CEN: Christian Education National) 대표들은 지금은 고인이 된 마틴 한스캠프(Martin Hanscamp)의 지도 아래 10여 년 전부터 호주의 기독교 교육자들을 위한 교육과정 개발 자료를 만드는 작업을 시작했습니다. 그들의 목표는 교사들이 하나님의 이야기에 의거하면서도 국가 교육과정의 요구 조건을 만족시키는 단원 계획을 세우도록 돕는 교육과정 개발 도구를 만드는 것이었습니다. 그 노력의 결과물이 바로 이 책 『변혁을 위한 교육과정』에서 소개하는 '빅 픽처 모델'(Big Picture Model)입니다. 이 자료집은 학교에서 그리스도 중심의 변혁적 교육과정을 개발하는 흥미진진한 여정을 시작하도록 교육의 영역에 부르심을 입은 자들을 초대합니다.

이 책이 한국어로 출간되어 말로 다 할 수 없이 기쁩니다. 이 책은 호주의 교사들에게 그랬던 것처럼 한국의 교사들에게도 학생들이 하나님의 세계와 그 안에 속한 자신들의 자리에 대해 더 깊이 배우도록 지도하는 일에 도움을 줄 것입니다.

학교에서 단원 교육과정을 개발해야 하는 과업을 맡고 있는 한국의 그리스도인 교사들과 교사교육에 종사하는 분들에게 이 책을 추천합니다.

하나님께서 이 책의 번역과 출판을 위해 재능을 주시고 일꾼으로 사용하신 번역자들과 출판사 관계자들에게 진심으로 감사드립니다.
모든 영광을 하나님께 올려드립니다.

피오나 파트리지
호주 기독교교육연구소 소장

역자 서문

많은 그리스도인이 학교에서 배우는 교과 수업이나 지식은 종교적 중립을 따르기 때문에 성경이나 기독교 신앙이 작용할 여지가 별로 없다고 생각합니다. 그래서 그리스도인 교사와 비그리스도인 교사가 수업이나 지식을 대하는 관점은 큰 차이가 없다는 입장입니다. 이 책은 국어, 영어, 수학, 사회, 과학, 음악, 체육 등 일반 교과 지식도 만물의 주인이신 하나님의 통치 아래 있으며, 구체적으로 어떻게 성경적 관점으로 교육할 수 있는지에 관한 이론과 실재 방법론을 제시합니다.

학생들에게 복음을 전하면 그것으로 그리스도인 교사로서의 역할을 충분히 하는 것이라고 생각했지만 기독교 교육을 공부하면서 호주, 캐나다, 미국 등 우리보다 앞선 기독교 학교 역사를 가진 나라에서는 학교 수업도 성경적 세계관에 입각하여 가르친다는 것을 알게 되었습니다. 그래서 나도 어떻게 하면 내 교과를 성경적 관점으로 가르칠 수 있을까 고민해 왔습니다. 나처럼 자신의 교과를 기독교적 관점으로 가르칠 필요성이나 방법을 모르는 그리스도인 교사들이 많을 것입니다. 이 책은 그들에게 도움이 되는 책입니다.

호주 기독교교육연구소에서 발간한 이 책은 다음과 같은 특징을 가지고 있습니다. 첫째, 국가 교육과정인 일반 교과를 창조—타락—구속—갱신이라는 기독교 세계관적 관점으로 단원을 개발할 수 있는 틀을 제공합니다. 둘째, 기독교 교육과정을 일반 교과목에 적용할 '빅 픽처'라는 구체적인 모델과 방법을 제시합니다. 셋째, 학생들이 일반 교과 수업에서 배운 지식을 통해서 자신의 삶으로 세상에 어떻게 기여할지에 대해 격려하고 안내합니다. 이런 수업을 통해 학생들은 학교에서 받는 교육이 졸업 후 먼 훗날을 위한 준비일 뿐만 아니라 바로 오늘의 학교 현장에서 삶으로 드리는 예배라는 점을 자연스럽게 깨닫게 될 것입니다.

기독교 학교 운동이 시작된 후에 한동안 기독교적 교육과정을 개발하고자 하는 열망을 가지고 다양한 시도를 하던 때가 있었습니다. 그럼에도 불구하고 모범적인 교육과정의 사례를 찾기가 쉽지 않았습니다. 최근에는 성경적 관점에 따른 교육과정에 대한 예전의 그 열망마저 식어 가는 듯합니다. 상황이 이렇게 된 데에는 여러 이유가 있겠지만 지금까지 우리에게 현장 교사가 쉽게 접근할 수 있는 교육과정 개발 도구가 없었던 것이 주요인이라고 생각합니다. 이 책에서 소개하는 빅 픽처 모델은 현장 교사가 성경적 관점으로 단원 교육과정을 구성하는 틀을 제공합니다. 또한, 교육과정 개발은 개인적 차원을 넘어서 공동의 과업으로 수행되어야 합니다. 공동의 작업으로 수행하기 위해서는 공유된 틀을 갖추어야 합니다. 빅 픽처 모델은 그런 공동의 작업을 가능하게 하는 틀이 될 수 있습니다. 교사들이 협력하여 성경적 관점이 잘 반영된 교육과정을 개발하고, 공유하며, 자료를 축적해 나가는 데 이 빅 픽처 모델이 유용한 도구로 사용되기를 희망합니다.

기독교적 가르침과 교육과정은 현재 미국, 캐나다 등 북미 쪽에서는 TfT(Teaching for Transformation)라는 프레젠테이션 중심 수업으로, 그리고 호주 등 남반구 쪽에서는 TbD(Transformation by Design)라는 빅 픽처 모델 중심 수업으로 퍼지고 있습니다. 아직 기독교 학교 역사가 짧은 우리나라 기독교 교육계에 TbD 단원 개발 방법을 소개하는 책을 번역하게 되어 보람을 느낍니다. 애초에 이 책은 한국 IVP 고문인 웨슬리 웬트워스(Wesley Wentworth) 선생님이 소개해 주셨습니다. 당시 기독교 대안학교에 재직하며 기독교 교육과정 모델이 부족해서 고심하던 차에 눈이 번쩍 뜨이는 기분이었습니다. 당장 내가 재직하던 학교 선생님들과 사용해 보려고 번역을 시작했으나 빡빡한 학교생활로 번역이 예상외로 몇 년씩이나 걸렸습니다. 공역하신 이현민 선생님이 처음부터 끝까지 새롭게 번역하시며 많은 오류를 잡고 표현도 다듬어 주셨습니다. 비록 시작은 내가 했지만 번역을 마무리하는 일은 오히려 이현민 선생님의 도움과 기여가 훨씬 컸습니다. 바쁜 와중에 함께 번역해 주신 이현민 선생님에게 감사드립니다.

이 책이 나오기까지 여러분의 도움을 받았습니다. 이화여대 김정효 교수님은 이 책의 번역이 꼭 필요한 일임을 확인해 주시고 번역을 시작하도록 격려해 주셨으며 용어에 대해 귀중한 조언을 해주셨습니다. 또한 한동대 이정미 교수님과 건국대 김종훈 교수님도 번역 원고를 꼼꼼히 읽고 정성 어린 조언을 해주셨습니다. 도움을 주신 세 분 교수님에게 진심으로 감사드립니다. 번역자의 한계로 이분들의 조언을 다 반영하지 못해 송구한 마음이 큽니다. 평소 기독교 교육과 기독교 학문에 정진하도록 꾸준히 격려해 주시고 이 책을 소개해 주신 웨슬리 웬트워스 선생님에게도 감사드립니다. 또한 한동대 국제기독교수 콘퍼런스 참여 차 한국에 오셨던 호주 기독교교육연구소 교장 피오나 패트리지(Fiona Partridge) 박사님과 호주 기독교교육연구소 교수이신 질 이릴랜드(Jill Ireland) 박사님, 크리스 프라이어(Chris Prior) 박사님에게 감사드립니다. 이분들은 이해하기 어려운 호주 교육 상황을 잘 해설해 주셨고, 호주에 돌아가서도 메일과 줌(ZOOM)을 통해 질문에 친절히 응답해 주시며 번역에 큰 도움을 주셨습니다. 또한 대중적인 독자층이 있는 책이 아니지만 한국 교육계에 꼭 필요한 책이라며 기꺼이 출판을 허락해 주신 템북 출판사 김선희 대표님에게도 감사드립니다.

호주 기독교교육연구소는 2004년도에 호주 시드니 리디머뱁티스트 스쿨(Redeemer Baptist School)에서 파견 교사로 근무할 때 직접 방문해서 한 학기 정도 공부한 곳입니다. 비록 그곳에서 공부를 마치지는 못했지만 이 번역서가 젊은 날 내가 공부했던 곳에서 발간한 책이라는 점도 우연이 아니라 하나님의 섭리라는 생각이 듭니다. 아무쪼록 이 책이 '교회와 학교', '성경과 교과'가 분리된다는 이원론적 관점을 가진 그리스도인 교사와 학생, 학부모님들에게 바람직한 기독교 교육의 의미를 안내하는 한 줄기 빛이 되기를 소망합니다.

역자를 대표하여 류재신

★ 차 례

추천사   4

서문   7

역자 서문   8

들어가며   12

트랙(TRACK), 따라야 할 길   14

빅 픽처 모델   25

빅 픽처   33

1 중심 주제   33

2 성경적 관점   33

3 제자도 반응   33

4 영속적 이해   34

5 본질적인 질문   34

6 지식과 기능   35

7 국가 교육과정   35

교육과정 사례들   36

빅 픽처 이후의 단계들   52

이해를 위한 성경적 관점   53

제자도 반응의 선택   70

들어가며

변혁을 위한 교육과정

기원과 배경

호주 기독교교육연구소(NICE: National Institute of Christian Education)는 호주의 기독교 학교 협회에 소속된 학교들의 교사교육 기관으로 출발하여 그리스도를 중심으로 한 성경 기반의 세계관 형성 접근법을 개발해 왔다. 여기에는 학교 교육과정 설계에 대한 접근법도 포함되어 있다.

이 기독교 학교들은 1960년대 초부터 그리스도인 가정과 학교의 조화를 추구하던 교회와 학부모에 의해 설립되어 교육과 삶에 대한 성경적 가르침에 충실한 학교교육 실천방안을 개발하는 등 지난 수십 년간 괄목할 만한 성장을 이루었다.

기독교 학교는 국가 교육과정과 상호작용할 수 있는 틀을 가지고 있어야 한다. 또한 성경적 세계관이 가장 중요한 동력으로 작동하는 교육과정의 실천 모델을 가지고 있어야 한다. 이 책에서 제안하는 교육과정 개발 모델은 이것들을 추구하는 한편, 교육과정 설계의 모범 사례를 보여 준다.

이 책을 사용하는 방법

이 책은 그리스도 중심의 변혁적 교육과정에 대한 전체적인 방향과 모델을 개략적으로 보여 준다. 여기 제시된 모델은 마치 제품 사용 설명서처럼 단원의 큰 그림(빅 픽처)을 그리도록 안내한다. 그 이후의 평가와 학습 활동을 포함한 구체적인 교수·학습 계획에 대해서는 다른 책에서 안내할 것이다.

이 책은 방향을 설정해 주는 네 분야로 이루어져 있다.

 트랙(TRACK): 기독교 교육의 과업과 목적을 이해할 수 있는 경로를 제시한다.

 빅 픽처(A BIG PICTURE) 모델: 7개의 요소로 구성된 교육과정 개발 모델로, 함께 퍼즐을 맞추면서 교육과정이라는 '큰 그림'을 만든다.

 성경적 관점: 일련의 설명과 도구 형식으로 구성되어 있으며, 교사들이 성경 이야기의 관점에서 단원을 이해할 수 있도록 돕는다.

 제자도 반응(THREADS)의 선택: 학습의 결과로, 학습 중인 영역에서 학생들이 보여 줄 성경적 관점에 따른 반응들이다.

트랙(TRACK), 따라야 할 길

트랙(TRACK), 따라야 할 길

기독교 교육의 전반적인 과업과 목적 파악하기

그리스도를 중심으로 한 변혁적 교육과정을 개발하는 여정을 지금부터 시작한다. 출발하기 전에 먼저 기독교 교육의 전반적인 과업과 목적을 탐구함으로써 이 여정을 준비하고자 한다. 이를 위해 여러분이 바른 길로 가고 있는지 점검할 수 있는 도구와 지침이 있다. 바로 트랙(TRACK)이다.

교육과정을 개발하는 모든 접근법에는 각자 고유한 언어가 있다. 이 언어는 철학적 기초와 교육과정 전반에 걸친 틀을 제공하며 교육과정 개발 모델의 방향성을 설명한다. 이러한 핵심적인 공통 용어와 독특하게 구별되는 용어들은 공동체가 공유하는 이해와 정체성을 반영하기 위해 명확하게 설명되어야 한다. TRACK이라는 용어는 이 책의 전반에 걸쳐 자주 사용될 것이다.

TRACK에 포함된 핵심 개념은 다양한 방법으로 표현될 수 있다. '그리스도 중심', '성경 중심' 혹은 '총체적인'이라는 용어는 과거에 사용되었던 표현들이다. TRACK으로 표현되는 5가지 용어는 분명한 핵심을 잡아서 전체 교육과정의 틀과 교육의 방향성을 형성하는 데 도움을 줄 것이다. 각 용어의 초점은 다르지만 의미가 중첩되는 곳들이 있다.

TRACK을 이해하면 우리의 교육적 실천은 변혁적 비전에 의해 인도되고, 응답하는 제자도로 이어지며, 모든 만물을 그리스도 안에 위치시키게 된다. 그리고 이어서 효과적인 학습을 위한 가르침으로 하나님 나라를 건설하는 방향으로 나아가게 된다.

모든 유용한 모델은 그 자체의 핵심 용어와 방향을 설명한다. 여기에서는 TRACK의 의미를 간략하게 설명한다.

- **T**ransforming vision (변혁적 비전)
  Responsive discipleship (응답하는 제자도)
  All things in Christ (그리스도 안에 있는 모든 만물)
  Crafted teaching (숙련된 가르침)
  Kingdom building (하나님 나라 세우기)
- TRACK은 모든 교육과정이 공통의 비전과 목적을 통해서 연결될 수 있다는 것을 교사와 학생이 알 수 있도록 해준다.
- TRACK은 각 학생이 성경적인 방향으로 생각하고 행동하는 데 집중함으로써 변혁적인 하나님 나라의 건설자가 되도록 하는 것을 목적으로 한다.
- TRACK은 교사들이 공동으로 교육과정 업무를 계획하고 준비할 수 있는 공통의 언어를 제공한다.

변혁적 비전 Transformational Vision

세상을 조망하고 변혁을 모색하는 전체적인 전망

"그러므로 너희가 그리스도 예수를 주로 받았으니 그 안에서 행하되 그 안에 뿌리를 박으며 세움을 받아 교훈을 받은 대로 믿음에 굳게 서서 감사함을 넘치게 하라"(골 2:6, 7).

"너희는 이 세대를 본받지 말고 오직 마음을 새롭게 함으로 변화를 받아 하나님의 선하시고 기뻐하시고 온전하신 뜻이 무엇인지 분별하도록 하라"(롬 12:2).

개요

'변혁적 비전'이라는 용어는 다양한 방식으로 설명될 수 있다. 우리는 이 용어를 기독교 교육의 비전을 찾기 위한 목적으로 사용할 것이다. 위의 두 성경 구절은 그리스도인들이 분별력을 길러서 문화적, 개인적 상황에 맹목적이 되거나 유행하는 교리에 휩쓸리지 않도록 도전한다. 마음을 새롭게 하는 것, 즉 그리스도께 사로잡힌 마음으로 변화되는 것이 교육에 대한 '변혁적 비전'의 핵심이다.

교육에 대한 성경적 접근법은 학생들에게 하나님의 선하신 창조 사역과 인간의 반역으로 초래된 삶의 모든 영역에서의 근본적인 왜곡, 예수님의 탄생과 생애, 죽음, 부활과 재림을 통한 총체적인 삶의 갱신에 대해 소개할 것이다. 그리스도는 부활과 죽음에 대한 승리를 통해 변혁의 기회를 제공하고, 하늘과 땅에서 그분의 통치를 의미하는 하나님 나라를 건설한다. 또한 그리스도는 자신을 따르는 자가 되어 그분의 나라를 위한 변혁적 대리인이 되라고 우리를 초대한다.

성경의 이런 광범위한 주제들은 변혁의 기초인 십자가부터 교육과정과 학생의 삶에 영향을 미치는 교수·학습의 형성에 이르기까지, 왜 기독교 교육이 변혁적인지 그 이유를 설명한다.

세계관

'세계관'이라는 용어는 모든 사람이 각기 자신의 안경을 통해서 세상을 바라보는 것을 의미한다. 이 안경은 우리를 둘러싼 세계를 해석하고 그 세계와 상호작용하는 방식에 영향을 미친다. 모든 사람은 자기만의 세계관으로 가르친다. 학습도 중립적이거나 몰가치적(value-free)이지 않다. 교육에 대한 모든 접근법의 이면에는 삶에 대한 특정한 관점, 즉 종교적인 뿌리에 기초한 관점이 자리 잡고 있다. 세계관은 우리의 비전과 관습, 생활양식, 그리고 학교 문화에 깊은 영향을 미친다.

그리스도인 교사는 그리스도를 따르는 자로서 학생과 자신의 삶을 포함하여 이 세상에서 깨어진 모든 것을 변혁하도록 부름 받았다. 이런 이해는 종종 '변혁적 비전' 혹은 '변혁적 세계관'으로 불린다.

한 사람의 세계관을 파악하거나 특정한 교육과정의 이면에 감추어진 세계관을 알아내는 것은 쉽지 않다. 하지만 이런 분별 과정에 참여하는 일은 삶과 교육을 형성하는 세계관을 이해하는 첫 단계이다.

많은 교사가 이러한 도전을 힘들어한다. 대부분의 교사가 받은 세속적 훈련만으로는 교육과정과 교과서, 온라인 자료들에 깊이 스며든 세속주의의 영향력을 분별할 수 있는 역량을 갖추기에 충분하지 않다. 그들이 받았던 세속적 훈련마저도 인식하기 어려운 세계관의 영향력에 젖어 있기 때문이다. 그러므로 기독교 학교는 국가 교육과정이 성경에 기반을 둔 교육과정과 일치하는 점과 불일치하는 점을 신중하게 분별하고 비판해야 한다. 기독교 교육자가 이런 활동에 참여할 때, 자신의 신앙과 일치하는 기준으로 교육과정을 비판하며 기독교적 교육과정을 만들 수 있다.

세계관을 올바르게 분별하는 과정이 어려운 또 다른 이유는 성경적 세계관과 대립되는 세계관을 간단히 정의하거나 규정할 수 없기 때문이다. 국가 교육과정 안에는 세계관을 형성하는 다양한 영향력과 목소리가 존재한다. 그 목소리가 근대 서구사회의 개인주의적, 세속적, 다문화적, 경제적 합리주의 세계관을 반영한다는 증거는 너무나 명확하다. 호주 기독교교육연구소에서 발간하는 질의응답 자료를 통해 이와 관련한 내용을 더 깊이 탐구할 수 있다.

예를 들면, 국가 교육과정에서 규정한 학습 내용과 기능을 잘 전달해서 학생이 좋은 점수를 얻도록 하는 것을 주된 역할로 보는 학교라면(학생에게 지식을 주입해 인생의 승자로 준비시킨다는 관점), 그 학교는 좋은 결과를 위해 교사와 학생을 몰아붙이는 데 힘을 쏟을 것이다. 다른 한편, 하나님께서 주신 세상의 의미와 구조, 그리고 세상 안에서의 인간의 위치와 목적을 발견하고 이해하도록 학생 개개인을 안내하는 것을 주된 목적으로 하는 학교는 전자의 학교들과는 전혀 다른 초점과 학습 문화를 갖게 될 것이다. 그런 학교는 학생들이 평생 학습자이자 응답하는 제자로서 어떻게 하나님을 섬길 수 있는지에 대해 진실하고 사려 깊은 응답을 하도록 이끌 것이다. 전자와 후자의 학교 모두 학업에서 좋은 결과를 거둘지 모른다. 그러나 후자의 학교는 학생과 교사들의 삶에 훨씬 더 심오하고 성경적인 방향으로 영향을 미칠 것이다.

세계관을 발견하고 드러내는 다양한 도구가 있다. 브라이언 왈쉬와 리처드 미들턴의 책 『그리스도인의 비전』(IVP, 2023)에는 세계관을 찾아내는 4가지 핵심 질문이 있다. "나는 누구인가?", "나는 어디에 있는가?", "무엇이 문제인가?", "해결책은 무엇인가?" [이 질문을 도구로 사용하는 방법은 이 책의 "**성경적 관점**"(Biblical Perspective) 장을 참조하라.]

"만일 교육적 대화 속에서 세속적 목소리를 분별하지 못하면 우리는 결국 비전을 잃고 학생들을 혼란스럽게 하며, 복음은 왜곡되고 말 것이다. 이런 상황에 내몰린 학생들은 정박할 곳을 잃고 무의미한 바다에 표류할 것이다." _ 밥 존스턴

응답하는 제자도 Responsive Discipleship

우리가 추구하는 학습에 대한 반응

"내가 예언하는 능력이 있어 모든 비밀과 모든 지식을 알고 또 산을 옮길 만한 모든 믿음이 있을지라도 사랑이 없으면 내가 아무 것도 아니요"(고전 13:2).

제자도

기독교 학교는 교사와 학생이 그리스도의 생각과 마음과 생명을 지니도록 변화시켜서 **응답하는 제자**가 되게 한다.

그리스도를 믿으며 그분의 통치에 겸손하게 순종하는 것이 제자도의 핵심이다. 믿음은 하나님이 주시는 선물이며, 가정이나 교회 같은 공동체를 통해서 성장한다. 물론 공동체만이 믿음을 형성하는 유일한 환경은 아니다. 학교도 믿음을 위한 도전과 성장의 기회를 제공함으로써 이 과업에 동참한다. 학생들이 사고하는 믿음, 성경적 믿음, 현실에 적합한 믿음, 존중하는 믿음, 섬기는 믿음을 키우는 것이 학교의 소망이다.

기독교 학교는 학생들이 제자의 삶을 살도록 초대하고 도전하며, 이것이 의미하는 바를 가르친다. "제자도로의 부르심"이라는 말이 기독교 학교의 유일한 목적은 복음 전도, 즉 제자 삼는 사역이어야 한다는 것을 의미하지는 않는다. 모든 학생은 자신이 섬길 대상을 탐구하고 선택해야 한다.

대부분의 서구 젊은이는 "누구를 섬길 것인가?"라는 질문에 의식적으로든 무의식적으로든 압도적으로 "나 자신을 섬길 것이다"라고 대답한다. 자기를 섬기는 것 혹은 '개인주의적, 세속적 인본주의'라는 이름으로 불리는 자기중심주의는 서구세계의 지배적인 종교 성향이다. 이 세속적 인본주의는 하나님이나 또는 어떤 위대한 초월적 존재를 고려 대상에서 제거해 버림으로써 학습은 종교적으로 중립적인 것이라고 그 의미를 축소한다. 이러한 관점에서 보면 학습과 지식은 학생들의 필요나 욕구를 해결하도록 그들 자신을 준비시키는 데 도움이 되어야 한다. 그러나 기독교 학교는 자신을 섬기는 것과는 정반대의 관점으로 학생들을 **응답하는 제자**, 즉 다른 사람을 섬기는 자로 불러낸다.

응답하는

'응답하는'이라는 형용사는 그리스도를 사랑하고 섬기는 사람들, 소위 '제자들'에게 붙이기에 합당한 표현이다. 제자들은 하나님과 이웃을 섬기도록 부름 받았기 때문에 응답할 수밖에 없다.

성경은 지식이 언제나 행동과 현실의 삶에 내재된 것이라고 이해한다. 야고보는 지식에는 책임이 따른다고 말한다(약 3:1). 성경은 학생들이 하나님의 세계와 말씀에 지혜와 지식, 분별력과 창의력, 즐거움과 인내, 사랑과 연민으로 참여하고 반응하도록 부른다.

응답하는 제자도란 학생들이 하나님의 세상을 개발하고 청지기가 되라는 문화명령(창 1:28, the great mandate)과 이 땅에 도래하는 하나님 나라의 증인이 되라는 대위임령(마 28:18-20, the great commission), 예수께서 사랑하신 것처럼 서로 사랑하라는 대명령(마 22:37-39, the great commandment), 하나님 백성의 언약 공동체에 참여하라는 대성찬령(the great communion)에 참여하도록 초대 받았음을 이해하는 것이다. 학생들은 하나님의 통치 아래 하나님의 세상 안에서 하나님의 백성이 되는 것을 배운다.

학습 목적

기독교 학교에서 학습은 분명한 의도와 핵심 목적을 가지고 있다. (많은 기독교 학교의 모델인) 서구 주류 교육의 핵심 목적은 **응답하는 제자**라는 기독교적 목적과는 큰 차이가 있다. 서구의 주류 교육에서 가장 우세한 지식관(인식론)은 학습을 '숙달'(mastery)과 '미래를 위한 준비'로 본다. 두 관점 모두 타당하지만 그런 목적이 다른 목적과 겹치거나 우위에 놓일 때, 더 넓은 범위의 교육적 균형과 학습 목적에 대한 건강한 이해가 왜곡된다. 그리고 그러한 일은 너무나 자주 일어난다.

숙달을 위한 학습은, 학습이 인간의 지배력(mastery)을 강화한다는 점에서 정당한 것으로 여겨진다. 그러나 숙달을 최고의 위치에 두면 왜곡이 발생한다. 즉, 학습 자체를 위한 학습이나 더 깊은 이해로 간주되는 숙달(주로 학습한 것을 기억하는 것으로 여겨지는)을 위한 시험, 혹은 숙달에 대한 평가가 학생이나 학교를 비교하고 서열화한다.

학교교육을 졸업 이후 미래의 삶을 준비하는 것으로 간주하면, 학교교육의 목적과 삶에 왜곡이 일어난다. 학생들을 적극적으로 응답하는 일에 참여시키고 모범을 보여 주는 과업은 입학 첫날부터 시작된다. 이것은 학교교육이 끝난 후에 적용하도록 가르치는 개념이 아니라 처음부터 적극적으로 추구해야 하는 일이다. 니콜라스 월터스토프(Nicholas Wolterstorff)는 "학교에서 수동적으로 교육 받으며 창의성을 키우지 못한 아이들이 장차 학교를 졸업하고 나서 어느 날 갑자기 기독교 문화 형성에 적극적으로 기여할 것이라고 기대하는 일은 너무나 순진한 생각이며 결코 보장되지 않는 희망사항일 뿐이다"라고 말한다.

해리 버그라프(Harry Burgraff)는 그의 저서 *Transformational Education*(변혁적인 교육)에서 학습의 목적은 학생들이 하나님의 세상 안에서 자신과 동료, 세상(이 모두는 하나님과의 관계 안에 있다.)을 이해하도록 인도하는 것이며, 이것은 이해와 감사, 책임 있는 행동을 추구할 때 가장 잘 드러난다고 말한다. 이런 것들 속에 이미 숙달과 준비가 포함되어 있다.

이해를 위한 학습은 학생들이 탐구하는 모든 자료 안에 있는 암묵적 가정과 근저에 깔린 의미들을 규명하고, 시험하고, 비판할 수 있도록 준비시키는 일을 포함한다. 또한 새로운 경험과 발견이 기존 지식에 병합됨에 따라 지식을 구조화해서 경험을 점진적으로 확장하고, 이해를 증진시키는 것을 포함한다.

감사를 위한 학습은 창조세계를 즐기고, 하나님이 선물로 주신 세상의 다양하고 풍성한 가치에 주목하고, (숙달의 관점이 그러하듯) 세상을 단지 소비할 상품으로 취급하지 않는 데 중점을 둔다. 감사를 위한 학습은 우리가 삶에서 행하는 모든 것이 하나님의 선하심에 대한 응답임을 인정하고 감사를 불러일으킨다.

책임감 있는 행동과 섬김을 위한 학습은 학습이 제공하는 지배와 숙달의 힘이 사랑과 섬김의 반응으로 일어나야 한다는 것을 인정한다. 하나님은 우리를 이 세상에 두셔서 그분을 향한 사랑의 섬김으로 세상을 다스리도록 하셨다(문화명령). 섬김은 하나님과 이웃을 위한 사랑의 행위를 필요로 한다. 학습은 항상 행동과 참여 안에서 이루어져야 한다.

머리와 가슴, 손

많은 교육방법이 학생을 주로 생각하는 존재로 보고, 학습을 인지적인 것 또는 두뇌와 관련된 것에 초점을 맞춘다. 성경적으로 볼 때, 학습은 지식과 형성의 중심 좌소인 마음(카르디아)과 관련이 있다. '마음'은 한 인간의 삶의 구조를 반영하고 인격을 형성한다. 마음은 한 인간의 중심에 있지만 기독교 교육은 마음에서 멈추지 않는다. 기독교 교육은 지성을 가르치고 마음을 형성하며 손을 준비시킨다. "머리, 가슴, 손"이라는 문구는 전인 형성을 잘 표현한다. 머리와 가슴이 형성되고, 그에 따라 자유롭게 반응하려면 필연적으로 손의 행위를 통할 수밖에 없다.

지혜와 성품은 다방면에 걸친 삶 전체에서, 즉 지적, 정서적, 신체적, 사회적, 영적 영역에서 고르게 성장해야 한다. 그러므로 기독교 교육은 학습의 목적과 개인의 세계관, 삶의 방향, 믿음을 형성하는 마음의 소원 등이 매우 중요하다는 것을 인정한다.

교육과정 안에서

전인적 학습은 머리, 가슴, 손을 포함하므로 그 결과는 학생들이 얼마나 더 많이 아는지가 아니라, 지혜와 섬김을 신실하게 사용해서 얼마나 더 나은 **존재**가 되었는지로 측정한다. 그러므로 전체 교육과정에 학생들이 은사와 기능을 개발할 수 있는 다양한 기회를 가능한 한 많이 포함시켜야 한다. 학교에서의 학습 전략은 발견과 경험, 행동, 봉사와 같은 실제적이고 외적으로 드러나는 행동 반응을 제공해야 한다.

'섬김을 위한 학습'(service learning)이라고 불리는 것이 학습 과정에 필수로 포함되어 있다면, 그것은 유용한 교육과정 접근법이다. 하지만 이런 학습은 부수적이거나 나중에 생각이 나서 '추가'되는 경우도 있다. 이 책의 후반부에 다루게 될 **제자도 반응**에서는 교육과정에 포함될 수 있는 여러 구체적인 통합적 반응에 대해 자세히 설명할 것이다.

그리스도 안에 있는 모든 만물 All things in Christ

만물을 아우르는 중심이자 응집력

"예수님은 태초에 으뜸이셨고, 부활한 자들의 행진을 이끄시며 종말에도 으뜸이 되신다. 하나님이 창조하신 만물은 그리스도 안에서 혼잡함이 없이 제 위치를 발견한다. 그뿐 아니라 그 분의 죽음과 십자가에서 쏟으신 피로 말미암아 그 분 안에서 우주의 모든 깨지고 왜곡된 부분들, 사람들, 만물들, 짐승들과 원자들이 온전히 회복되고 화음으로 공명하며 함께 조화를 이룬다"(골 1:15b, 메시지 성경).

골로새서의 이 구절은 그리스도에 관한 2가지 핵심 진리를 강조한다. 첫째, 세상 **만물**은 그리스도께 속해 있고 그분에 의해 유지된다. 둘째, **만물**의 중심에, 즉 기독교 교육의 중심에 그리스도가 계신다. 이 성경적 진리를 기독교 교육과정에 반영해야 한다.

세상과 만물은 하나님께 속해 있다

기독교 학교 교사는 **만물**을 이해함으로써 교육을 통해서 만물 안에 있는 하나님의 손길을 드러내는 일을 돕도록 부름 받았다. **만물**을 이해하는 것은 하나님이 **만물**을 창조하셨다는 진리에서 시작한다. 하나님은 우주를 창조하신 다음 뒤로 물러나 자연이 알아서 하도록 내버려 두고 멀리 떠나 계신 분이 아니다. 그분의 손은 여전히 모든 **만물**을 붙들고 계신다. 그분의 통치는 단지 '종교적인' 영역에만 국한되지 않는다. 그분의 통치는 학교 캠퍼스 구석구석을 포함하여 창조세계 전체를 철저하게 관통한다. 타락이 모든 **만물**에 영향을 끼친 후에도 창조의 선함은 여전히 남아 있다. 구속은 만물을 하나님이 원래 정하신 목적대로 다시 이정표들을 세우며 **만물**에 영향을 끼친다. 언젠가는 모든 **만물**이 완전히 새롭게 될 것이다. 그렇지만 성경적 세계관은 그런 갱신이 단지 **만물**의 종말에만 오는 것이 아니라고 주장한다. 그런 갱신은 예수님의 부활과 함께 이미 시작되었으며 지금 여기에서도 계속되는 중이다. 그러므로 우리는 **만물**을 구속하고 새롭게 하는 일에 하나님과 함께 일하는 특권적 지위를 가진 동역자가 되어야 한다.

만물이 하나님께 속해 있다는 진리를 실천하는 기독교 학교에서 믿음은 부가적인 것이 아니다. 성경 공부를 의미하는 것도 아니다. 단순히 학습에 신앙을 추가하는 것은 신앙과 학습의 관계에 근본적이고 통합적인 본질이 있음을 부정하는 것이다.

만물은 그리스도 안에서 세워진다.
만물은 그리스도 안에서 서로 결합되어 있다.

성속 이원론적 관점은 학교 공부가 하나님이 창조하신 것이 아니며, 따라서 하나님께 속한 것이 아니라는 생각을 내포한다. 학교 공부는 종교와 상관없으며, 하나님으로부터 분리된 세속적인 일이라는 것이다. 이런 관점은 완전히 비성경적이다. 오히려 성경은 모든 방식을 통해 세상과 **만물**이 하나님께 속한 것이라고 가르친다. 기독교 학교는 하나님을 이미 존재하는 실재이신 분으로서, 즉 **만물** 안에 계시고 **만물**을 통해 계시하시고, **만물**을 돌보시는 분으로 인정해야 한다.

교사들은 **만물**의 관점으로 학습 내용을 가르칠 때, 학생들에게 하나님의 통치와 구속의 계획에서 벗어난 영역은 단 하나도 없다는 것을 일깨운다. 그러므로 기독교 교육은 단순히 편안한 생활이나 취업 전망, 고소득 직업 등 자신만의 이익을 추구하도록 가르치지 않는다. 물론 이런 것들도 복이 될 수 있지만, 기독교 교육의 핵심은 하나님이 각 학생에게 주신 모든 잠재력을 계발하고 함양하는 것이다. 그럴 때 학생들은 세상에 변혁된 갱신을 가져오는 하나님의 동역자가 되라는 소명에 응답할 수 있으며, **만물** 안에서 하나님을 드러낼 수 있다.

하나님은 우리가 하는 모든 일에서 갱신의 대리인이 되라고 우리를 초대하신다.

모든 만물의 중심이신 그리스도

기독교 교육자로서 우리는 모든 학습을 예수 그리스도와 성경 및 피조물 안에 있는 하나님의 계시에 대한 반응으로 간주한다. 우리는 창조세계의 모든 만물을 하나님과의 올바른 관계라는 관점에서 탐구한다. 성경의 핵심 주제로 표현된 **만물**의 원리는 창조의 모든 측면이 그리스도와 맺고 있는 관계를 강조한다. 그것은 다음과 같다.

- 창조: 그리스도 안에서 하나님이 **만물**을 창조하셨다. **만물**의 주권을 소유하신 창조주 하나님은 인간이 그분과 사랑스러운 관계와 응답하는 관계를 맺도록 설정하셨다.
- 타락: **만물**은 죄의 결과로 타락했다. 그래서 관계가 멀어지고 분열이 생겼다.
- 구속: 그리스도는 **만물**을 구속하기 위해 세상에 오셨다. 이 구속을 통해 모든 **만물**의 관계가 재정립될 수 있다.
- 갱신: 그리스도의 구속 사역에 대한 반응으로, 우리는 하나님과 동역하며 **만물**을 새롭게 하도록 부름 받았다. 우리도 새롭게 갱신된 관계의 일부가 될 수 있다.

창조—타락—구속—갱신(Creation—Fall—Redemption—Renewal)의 구조는 성경 전체 이야기에서 예수님의 위치와 역할, 그분이 성경의 중심이라는 점을 이해하도록 도와준다. 구속사의 중심인물인 예수님은 인간의 타락 이후에도 약속하신 대로 여전히 창조세계 안에 계시며, 우리가 그분의 초림과 재림 사이를 살아가는 동안 하나님 아버지 앞에서 지금도 우리를 변호하고 계신다. 그러므로 사도 바울은 골로새서에서 **만물**이 그리스도 안에서 함께 결합되어 있다고 말한다.

"모든 생각을 사로잡아 그리스도에게로." _ 고후 10:5

예수님이 우리 삶의 모든 면에서 주님이 되신다는 믿음에 헌신하는 것은 교육이 중립적이며 가치와 무관한 것이라고 여기는 다른 지식 공동체와는 다르게, 기독교 학교가 신앙에 충실하며 의미 있는 학습 반응을 개발할 수밖에 없음을 뜻한다. 하나님의 말씀은 마음의 중심에 있는 신앙적 헌신과 세계관이 교육 방식을 만들어 낸다는 사실을 분명히 한다.

만물에 대한 이해를 표현하는 또 다른 방법은 '전체적'(holistic)이라는 용어를 사용하는 것이다. 기독교 교육에 대한 우리의 접근 방식은 학습자에 관한 **모든** 것에 관심을 가지고, 교육의 **모든** 면, 교과목 분야의 **모든** 것, 공동체와 관련된 **모든** 것을 포함하며, 삶의 **모든** 것을 위해, 하나님의 **모든** 영광을 추구하는 것이다.

"우리 인간 삶의 모든 영역에서 만유의 주재이신 그리스도께서 '나의 것이다!'라고 외치지 않으시는 곳은 한 치도 없다." _ 아브라함 카이퍼

숙련된 가르침 CRAFTED TEACHING

우리가 실행하는 교수 · 학습의 방식: 교육방법적 실천

실행 방식을 잊지 말라

믿음은 교육과정뿐만 아니라 교육방법 혹은 우리가 '가르침의 기예'(craft of teaching)라고 부르는 것을 비롯한 교육적 기획과 실천의 모든 영역에 영향을 미친다. 많은 교육자가 세계관과 교육 내용[어떤 정보와 기술이 가장 가치 있는지(무엇)]에만 주의를 기울이는 잘못을 범하고 있는지도 모른다. 그런 것들도 물론 중요하지만 거기에만 치중하다 보면 실제 교육을 행하는 방식[어떻게(how)]을 간과할 수 있다. 데이비드 스미스(David I. Smith)와 제임스 스미스(James K. A. Smith)의 저서 Teaching and Christian Practices(가르침과 기독교적 실천)의 서문에서 크레이그 다익스트라(Craig Dykstra)와 도로시 베이스(Dorothy Bass)는 "세계관과 전제, 관점, 과학, 종교에 대한 무수한 논쟁이 있었고, 많은 '이즘'(isms)이 믿음과 학문적 작업의 관계를 이해하려고 시도했다. 그러나 가르침과 배움이 어떻게 기독교적 방식으로 이루어져야 하는지에 대해서는 거의 주의를 기울이지 않았다"라고 썼다.

데이비드 스미스와 제임스 스미스는 그리스도인 교사들이 신앙과 삶이 성장하는 생명력 넘치는 교실을 만들려면 그들의 교육적 습관을 변화시키는 교수 전략을 개발해야 한다고 주장한다. 그러나 주류 교육계의 사람들은 대부분 이런 도전에 거의 관심을 기울이지 않는다. 대신에 (허약하고 '영혼 없는' 교육을 만드는) 국가가 제정한 표준 교육과정 패키지나 (경쟁적인 교육 시장에서 교사를 단순한 지식 전달자로 간주하는) 소비주의적이고 도구주의적인 교육과정 패키지를 맹목적으로 채택한다. 그런 것들은 학생들의 "주의를 끌기(attention)보다는 구금하는(detention) 유치장"을 만드는 교수 · 학습을 조장할 뿐이다.

숙련된 가르침의 영향

숙련된 가르침(Crafted Teaching)이란 학습에 대한 광범위하고 다양하며, 성찰적이고 쾌활하며, 적극적인 접근 방식을 의미한다. 이 가르침은 총체적이고 다방면에 걸쳐 균형 잡힌 가르침으로, 여기에는 다양한 특징이 있다. **숙련된 가르침**은 학생들의 주의를 끌고 최상의 창의적인 방법과('hook', 학생들을 유혹하여 낚아 냄), 모험적인 학습 분위기를 제공한다. 이 가르침은 창의적이고 모험적인 방법론에 특히 주의를 기울이고, 학습자가 적극적으로 참여하도록 이끈다. 이 가르침은 호기심과 상상력, 탐구, 조사, 체험 활동, 그리고 학생과 교사가 하나님의 세계와 말씀을 탐구하고 이해하는 광범위한 방법을 포함하는 창의적이고 역동적인 학습을 장려한다. **숙련된 가르침**은 또한 각 학생의 다양한 필요와 관심에 주의를 기울여 다양한 학습 스타일을 충족시킬 수 있다.

"교육적 실천은 학생의 참여를 끌어내기 위한 단순한 기술이 아니다. … 오히려 교육적 실천은 특정한 성격을 지닌 사회적 공간, 즉 인간을 형상화하고 하나님이 사랑하시는 피조물의 구성원으로 받아들임으로써 은혜를 입은 공간을 만드는 데 도움을 준다." _ 크레이그 다익스트라와 도로시 베이스

하나님 나라 세우기 Kingdom Building
우리가 하는 모든 일의 성경적 목적

"먼저 그의 나라와 그의 의의를 구하라"(마 6:33).

우리는 큰 이야기가 필요하다

교육은 학교에서 일어나는 모든 일에 정보를 제공하는 포괄적인 이야기로 만들어진다. 이야기 없이는, 즉 교육에 대한 '형이상학' 없이는, 학교의 모든 관심은 기술(내용 전달 방법 혹은 '어떻게')의 문제가 차지할 것이다. 우리가 살아내는 큰 이야기 (big story) 혹은 메타 내러티브는 의미 있는 이야기를 제공하는 데 도움이 된다. 포스트만(Postman)은 그의 저서 *The End of Education*(교육의 종말)에서 "내러티브가 없는 인생은 의미가 없다. 의미 없는 학습은 목적이 없다. 목적 없는 학교는 배움의 장소가 아니라 유치장에 불과하다"라고 말했다.

그리스도인은 성경 이야기를 살아내야 한다. 기독교 교육 또한 성경 이야기를 살아야(실천해야) 한다. 구속과 하나님 나라의 도래에 대한 성경 이야기는 기독교 학교에서 삶의 모든 측면에 영향을 미치고 이해할 수 있게 해주는 큰 이야기이다. 교사는 각 학생을 이 이야기로 초대하도록 부름 받았다. 교사가 이러한 관점을 학습에 반영하면 모든 **만물** 안에서 하나님을 드러내고, 학생들은 하나님의 통치가 미치지 못하는 영역이 하나도 없다는 것을 이해한다.

"기독교의 핵심은 기독교가 전 세계의 이야기를 제공한다는 것이다." _ 톰 라이트

우리의 교육적 실천을 형성하고 알리는 3단계의 이야기가 있다.

- **하나님의 이야기**: 성경에 계시된 대로 역사의 태초부터 종말까지 하나님의 구속과 갱신 활동에 관한 거대 담론
- **우리 이야기**: 학교가 교육을 이해하는 특별한 방식과 학생, 학부모, 교사들의 관계, 즉 그 역사적 유산
- **내 이야기**: 각 학생과 교직원들의 독특성, 즉 그들의 재능과 능력, 필요와 관심, 희망과 열망

하나님의 이야기는 구원의 이야기이다. 즉 창조에서 시작해 위기와 구약 공동체, 그리스도 안에서 이루어지는 절정을 지나 새 언약 공동체와 마지막 성화의 완성에 이르는 이야기이다. 하나님의 이야기는 우리에게 하나님과 인간, 세상의 참된 본질, 즉 그들 사이의 총체적인 관계의 특성을 계시한다. 하나님의 이야기는 우리에게 역사와 그 궁극적인 결말에 대해 말해 준다. 하나님의 이야기는 하나님 나라를 이루는 삶을 살면서 어떻게 하나님께 응답할 수 있는지 알려 준다.

교사의 임무는 학생들에게 기독교 이야기를 들려주고, 학생들이 모든 것 안에서 그 이야기를 보도록 격려하고 돕는 것이다.

우리는 하나님의 이야기를 우리의 모든 교육 실천에 대해 알려주고 형성하는 포괄적인 내러티브로 보아야 한다. 이 이야기를 통해 모든 교육 실천이 검증되어야 한다. 하나님의 이야기는 교사와 학생이 삶과 세상을 이해하는 구조와 도구를 제공한다.

하나님 나라 세우기

하나님 나라 세우기는 하나님의 백성이 해야 할 일, 즉 그들의 핵심 과업을 설명하는 위대한 용어 중 하나이다. 하나님 나라 세우기는 성경 속 하나님 나라 이야기에 근거한 것이다. 하나님 나라 세우기는 하나님의 통치 아래서 하나님이 정해 주신 자리에 있는 하나님 백성의 이야기이다. 하나님 나라 세우기는 태초부터 종말에 이르는 구속 이야기이다. 하나님 나라 세우기는 하나님과 세상과 인간 삶의 특성을 드러내는 이야기이다. 하나님 나라 이야기는 세상이 어떻게 잘못되었으며 예수님의 탄생과 죽음과 부활로 어떻게 잘못된 관계들이 바로 세워졌는지를 드러내는 이야기이다.

이 큰 이야기는 인간의 언어로 된 하나님의 말씀이다. 그것은 이야기와 교훈, 통찰, 계시, 저자, 여러 장르의 글을 한데 묶은 모음집이다. 그것은 권위 있고 통일되며 종합적이고 장엄한 총체적인 이야기로 제시된다. 이 이야기는 세상이 실제로 어떤지 알려주기 때문에 학생과 교사가 성경에 대한 지식을 쌓고 그 권위에 더욱 순종하는 것이 필수적이다. 기독교 학교가 이 큰 이야기의 위치와 성경과 교육과정 사이의 관계를 이해하는 것 또한 필수적이다. 이 문제는 뒤에 나올 **성경적 관점** 항목에서 구체적으로 다루겠다. 요약하자면, 이 이야기는 기독교 학교에서 가르치고 배우는 과업의 모든 영역에 포함되어 있어야 한다.

이야기를 보고, 그 이야기를 살라.

빅 픽처 모델

빅 픽처

교육과정 개발을 위한 모델

서문

TRACK에 대한 이해를 기반으로 교육과정을 만들기 위해서는 교육과정 설계의 모든 핵심 요소를 포착하고 요약할 수 있는 도구가 필요하다. 여기서 우리는 모든 정보의 조각과 요소를 '**빅 픽처 교육과정 개발 모델**'(Big Picture Curriculum Development Model, BPCD)이라 불리는 하나의 교육과정 개발 템플릿(template)으로 통합한다.

교사들은 그들이 사용할 교육과정을 단순히 국가 교육과정이나 콘텐츠 목록을 '모델' 삼아 따라가는 경우가 많다. 그리고는 학습의 방향과 목적이 그 교육과정에 따라 가르치는 과정에서 나타나기를 바란다. 위긴스(Wiggins)와 맥타이(McTighe)는 많은 교육과정 설계 모델이 "활동 중심 교수"(activity-focused teaching)와 "내용 중심 교수"(coverage-focused teaching)라는 이중 잘못을 범하고 있다고 지적한다. 이 둘은 모두 수업 설계에 도달하기에는 결함이 있다. 수업 설계는 효과적인 학습을 위한 핵심 질문, 즉 "무엇이 요점인가?", "여기서 가장 중요한 것이 무엇인가?"와 같은 질문에 적절한 대답을 가지고 있어야 한다.

이 이중 잘못의 문제점은 교수 활동을 안내하는 큰 개념과 학습을 보장하는 계획이 없다는 점이다. 이와 달리 **빅 픽처 모델**(The Big Picture Model)은 **중심 주제**(The Main Idea)를 포착하고 학습에 대한 하나의 분명한 그림을 보여 주는 계획을 제시한다.

빅 픽처 모델

- 교육과정 개발 모델을 제공하며, TRACK에서 표현된 핵심 진리와 신앙을 기반으로 기독교적 교육과정에서 실천 개발을 위한 일련의 도구를 제공한다.

- 진실하고, 신실하며, 성경적이고, 기독교 세계관적 틀을 가진 교수·학습 방법을 개발하고자 하는 기독교 학교와 교사들에게 도움을 제공한다.

- 공통의 모델과 언어를 제공하여 교사들의 이해를 높이고 적극적인 참여를 장려하는 준비된 메커니즘을 갖출 수 있도록 한다.

- 기독교 학교들 간에 자원을 공유할 더 큰 기회를 제공함으로써 강점과 자원 기반을 강화한다.

퍼즐 맞추기

교육과정 개발이 논리적이고 순차적이어서 각 단계를 간단히 정리할 수 있으면 좋겠지만, 현실적으로 교육과정 개발은 그 특성상 유기적이고 발달 과정 중에 있다. 교육과정은 교사들이 자유롭게 자신의 생각을 제시하고 그 과정에 적극적으로 참여할 때 명백히 나타난다.

퍼즐을 맞출 때는 전체 이미지를 보는 것이 도움이 된다. 먼저 모서리 쪽 퍼즐을 배치한 다음에 가장 눈에 띄는 퍼즐을 조합하면 나머지 그림이 나타난다. 원칙적으로 어디에서 시작하든 큰 문제가 되지 않는다. 한 부분은 전체 그림을 형성하고 다른 부분이 전체 안에 맞아 들어간다. 계속해서 퍼즐 조각 상자에 있는 그림(빅 픽처)을 상기하면서 맞춰 나간다.

학교의 방향성과 기독교 교육자로서 중요하게 생각하는 것에 따라 형성되는 교육과정 개발은 마치 퍼즐을 맞추어서 빅 픽처를 만드는 것과 유사하다. 빅 픽처를 만들려면 전체적인 그림, 좋은 테이블, 팀워크, 인내심, 하고자 하는 욕구 등이 필요하다.

빅 픽처로 시작하기

기독교적 교육과정을 개발하는 일은 놀랍도록 흥미진진한 일이다. 그리고 이 일은 큰 그림(빅 픽처)을 가지고 시작해야 한다. 이 **빅 픽처**는 '왜', '무엇을' 하는가에 대한 명확한 이해가 있을 때만 확립된다. **빅 픽처**는 다른 어떤 것보다 먼저 개발되어야 한다. **빅 픽처**가 교육과정의 목적과 성격을 형성하기 때문이다. **빅 픽처**는 성경적으로 영감을 받고 기독교 세계관으로 형성된 교육과정, 즉 학습을 위한 계획의 개발을 안내하고 방향을 제시하는 전반적인 지도를 제공한다. 이 모델에서 퍼즐 조각을 모아서 **빅 픽처**로 맞춰 가는 것은 건축을 위해 설계도를 그리는 것과 비슷하다. **빅 픽처**를 이해하고 사용하는 교사는 교육과정 개발의 전체 과정을 쉽게 이해하고 더 큰 보람을 느끼게 될 것이다.

내용(교과서와 학습 활동)으로 직행하는 교사는 '교과서 본문, 가르치기, 평가' 모델을 사용하는 것으로 볼 수 있다. 이 모델은 재미도 없고, 교육과정 개발에서 '기독교적'인 것을 아주 쉽게 배제할 수도 있다. 다른 사람들, 그리고 그들이 가진 세계관이 이미 그 교육과정을 만들었기 때문이다.

우리는 여기서 거의 모든 교육과정은 가치 있는 이해를 포함하고 있다는 점에 주목해야 한다. 하나님의 일반은총(모든 사람에게 동일하게 주신 것들과 통찰력)을 인정한다는 것은, 그리스도인도 그런 교육과정 자원에서 지식을 얻을 수 있다는 의미이다. 그러나 우리는 또한 이런 교육과정이 성경적 진리에 의해서 형성된 것이 아닐 수도 있음에 주목해야 한다. 우리는 TRACK을 기반으로 자신의 교육과정을 만들 자유와 기회가 있다. 이것이 우리가 **빅 픽처**로 시작해야 하는 이유이다.

교육과정이라는 모래밭에서 놀기

기독교 교육 지도자가 '교육과정'이라는 단어를 언급하면 교사들은 한숨을 쉴 것이다. 교육과정은 어렵다는 인식을 바꿔야 한다. 교육과정에 대해 완전히 새로운 태도를 만들 필요가 있다. 교육과정은 우리가 배송해야 하는 엄청난 양의 소포 상자가 아니다. 교육과정은 하드디스크 드라이브에 접속해서 찾아야 하는 규정 목록도 아니다. 교육과정은 학생이 원하든 원하지 않든 간에 그들에게 퍼부어야 하는 양동이에 가득 찬 내용물이 아니다. 교육과정은 즐거운 배움을 위한 계획이다.

해변 모래밭에서 자녀들과 모래성을 쌓고, 참호를 파고, 파도를 막을 담을 쌓고, 여러 모양을 만들며 아이들과 놀아 주는 아버지의 모습을 상상해 보라. 우리가 자녀들이 누리기를 원하는 탐험과 발견, 실험, 만들기 속에 있는 기쁨은 그리스도인 교사들이 교육과정이라는 모래밭에서 놀 때 느낄 수 있는 기쁨과 같은 것이다. 해변의 아버지처럼 여러분 주위에 있는 사람들이 '놀고' 싶어 하고, 그들과 함께 일할 좋은 도구가 있다면 교육과정 개발은 아주 쉬운 일이 될 것이다. 교육과정 만들기는 전염성이 있다. 교사가 자신이 만든 교육과정에 신이 나 있으면 학생들도 그 경험을 즐기고 적극적으로 참여할 것이다. 교육과정이 어렵다는 사고방식을 바꾸는 것은 하나의 도전이다.

핵심 특성들

적극적인 활동가로서의 교사

이 모델은 교사를 단순한 교육과정 전달자, 즉 특정 지식과 기능을 전수하도록 훈련 받은 기술자로만 간주하는 것을 단호히 거부한다. 이 개념은 그리스도인 교사를 단순한 **교육과정 전달자**가 아니라 **교육과정 개발자**로서 좋은 가르침의 중심에 위치한 사람으로 이해한다.

유연하고 역동적인 모델

학교와 교사는 각기 다른 방식으로 교육과정 개발에 접근한다. 따라서 유용한 접근방법은 학교가 각자의 상황에 맞게 도구를 만들 수 있는 적절한 유연성을 갖추는 것이다. **빅 픽처** 모델에서 제시하는 템플릿은 기본 틀이다. 어떤 항목은 특정 학교에 맞지 않아서 변경될 수 있고, 또 어떤 학교는 구체적인 필요, 즉 학교의 지역적 특성에 맞게 별도의 항목을 추가할 수도 있다.

빅 픽처 템플릿은 유연하게 사용할 수 있다. 이 템플릿에 있는 모든 항목을 다 수행할 필요는 없다. 이 템플릿은 주제나 단원에 따라 달라질 수 있다. 그러나 중요한 항목들(**중심 주제, 성경적 관점** 혹은 **본질적 질문**)을 비워 둔다면 문제가 될 수 있다. 교육과정 개발팀이 템플릿의 형식에 맞춰 과도하게 반복적이거나 그저 항목을 채워 넣기만 하는 일은 무의미하고 가치도 없다.

핵심 요소 통합하기

빅 픽처 모델의 중요한 특징 중 하나는 많은 기독교 학교가 지금까지 사용한 3가지 핵심 요소(우리에게 주신 만물과 변혁적 유산, 교육과정 실행에 필요한 요건, 교육과정 개발 모델)를 통합하는 것이다.

첫째, 변혁적 유산이란 세계관의 가치를 인식하는 것에 대한 강조, 교육과정을 안내하고 형성하는 창조(creation), 타락(fall), 구속(redemption), 갱신(renewal)과 같은 성경적 관점의 필요성, 교사들을 대상으로 한 훈련과 지원의 필요성, 그리고 이런 것들로 인해 우리의 교육과정 실천은 필연적으로 독특한 형태로 발전할 수밖에 없다는 점 등으로 묘사될 수 있다.

둘째, 필수 교육과정(많은 경우, 이것은 국가 교육과정 혹은 지역 교육과정이다)은 그대로 받아들이기보다 적절히 대응해야 한다. 바라기는 기독교 학교에서는 필수 교육과정이 유일한 교육과정 자원이 되어서도 안 되고, 무조건 배척해야 할 자원이 되어서도 안 된다. 물론 필수 교육과정이 중요한 영향력을 가진 핵심 자원임에는 틀림없다. 그러나 그것은 반드시 기독교 교육과정의 핵심 목적과 비전의 하위 영역에 위치해야 한다. 필수 교육과정에 대한 이러한 이해는 그 교육과정을 핵심 자원으로 사용하는 것에 대해서, 그리고 교육과정의 구조, 필수/선택 영역의 구분, 기대하는 결과에 대해서 우리가 어떻게 반응할지를 안내할 것이다. 학교의 접근방법이 어떻든지 간에 필수 교육과정에 대한 보고와 감사(監査)는 반드시 있어야 한다. 학교는 필수 교육과정에 어떻게 대처할지에 대한 구체적인 규정을 마련해 두어야 한다.

셋째, 대부분의 학교는 교육과정을 개발하거나 전체적인 윤곽을 잡기 위해 어떤 모델이나 템플릿을 만들거나 채택한다. 이런 도구는 학교의 목적과 교육방법을 이해하는 데 통찰력을 제공한다. **빅 픽처** 모델은 '**이해 중심 교육과정**'(Understanding by Design, UbD)의 성과와, 개혁주의 학자 데이비드 스미스의 교수법에 관한 통찰에 크게 의존한다. 가장 도움이 되는 것은 **이해 중심 교육과정**이 처음부터 단원의 **중심 주제**와 그 단원의 핵심적인 이해를 명확하게 정립할 것을 강조하는 점이다. 하나의 모델로서 **빅 픽처** 모델은 **제자도 반응**과 같은 핵심적인 성과들이 단원의 **중심 주제**나 **영속적 이해**와 같은 본질적인 것들로부터 산출되도록 할 책임을 받아들인다.

빅 픽처 모델
요약

1 **중심 주제**(Main Idea)
중심 주제 요약하기

중심 주제는 단원이 초점을 맞추고 있는 것과 단원 전체 내용을 하나로 묶는다. 이 포괄적인 중심 주제는 한 문장으로 포착되고 요약된다.

2 **성경적 관점**(Biblical Perspective)
성경 이야기를 분명하게 표현하기

성경적 관점은 주제(topic)가 성경 이야기에서 어느 부분에 맞아 들어가는지, 성경 이야기에서 그 주제에 대해 이야기하는 부분이 어디인지 분명하게 표현하는 것이다. 창조(Creation), 타락(Fall), 구속(Redemption), 갱신(Renewal)이라는 핵심 틀은 성경적 관점을 위한 유용한 도구이다.

3 **제자도 반응**(Threads)
반응에 생동감 불어넣기

제자도 반응이란 **성경적 관점**에서 분명하게 표현된 하나님의 계시를 이해한 후에 학생들로부터 이끌어 내고자 하는 반응이다. 제자도 반응은 전체 단원을 한데 모으는 데 도움을 주어 학생들이 새롭게 배운 것을 실천할 기회를 제공한다.

4 **영속적 이해**(Enduring Understandings)
영속적 이해 식별하기

중심 주제 항목에서 나오는 구체적이고 **영속적인 이해**를 파악할 수 있는 기회이다. 학생들이 단원을 공부한 결과 확실히 이해하기를 바라는 것이다. **영속적 이해**를 단지 핵심 지식과 내용을 나열하는 것으로 혼동하면 안 된다.

5 **본질적 질문**(Essential Questions)
본질적 질문 만들기

본질적 질문은 학생들이 한 단원의 **중심 주제**에 집중하여 그것을 파악하도록 돕고, 그 주제를 더 깊이 사고하도록 자극하기 위해 만들어진 질문이다.

6 **지식과 기능**(Knowledge & Skills)
핵심 지식과 기능 기록하기

교사들은 한 단원에 관련된 **지식과 기능**의 목록을 작성하는 일에 익숙하다. 설정된 **지식과 기능**을 주의 깊게 고려하는 일은 이전 항목 1-5에서 정리된 생각과 통합되어야 한다. 이것은 단지 **지식과 기능** 목록을 잘라 붙이는 일이 아니다. 교사들은 명확하고 친숙한 용어를 사용해서 **지식과 기능** 목록을 지혜롭게 선택하고 재구성해야 한다. 이런 모든 과정을 통해서 추가적인 **지식과 기능** 목록이 나타날 수도 있다. 이 항목은 위의 항목(1-5)과 아래 항목(7) 사이에서 상호작용과 충돌이 일어나는 중요한 지점이다.

7 **국가 교육과정**(Prescribed Curriculum)
내용과 색인어 목록 작성하기

국가 교육과정 항목은 유용한 참조점과 감사(監査)의 도구이다. **국가 교육과정** 목록과 거기에서 선택한 것에 대한 비판적인 검토는 **빅 픽처** 내의 모든 다른 설계 요소들을 고려해서 만들어진 것이다.

> "학습 내용이 기억되고 반복될 수 있어야만, 그리고
> 우리의 행동양식에 변화를 이끌어 낼 수 있어야만 학습이라고 할 수 있다."
> _ 글로리아 스트롱스와 더그 블룸버그

빅 픽처 템플릿

1. 중심 주제
중심 주제를 요약하라.

2. 성경적 관점
성경 이야기와 단원 간의 연관성을 명확히 설명하라.

3. 제자도 반응
적절한 제자도 반응을 선택하라.

4. 영속적 이해
영속적 이해와 오해를 파악하라.

5. 본질적 질문
본질적 질문을 작성하라.

6A. 지식
관련 핵심 지식과 기능을 기록하라.

6B. 기능

7. 국가 교육과정
관련된 내용 주제와 색인어를 나열하라.

빅 픽처

시작을 위한 조언

빅 픽처는 전체 단원의 요약이라는 점을 염두에 두는 것이 중요하다. **빅 픽처**는 주요 요점을 포착해 내는 요약이지 교사의 주간 계획에 통상적으로 포함된 세부 항목이 아니다. 이 항목을 채워갈 때 모든 것을 집어넣으려고 해서는 안 된다. 최종적으로 완성된 **빅 픽처** 양식은 단원별로 1, 2페이지 분량이면 충분하다.

일단 시작하라

어떤 **빅 픽처** 사용자는 "우리가 무엇을 하려고 하는가?"라는 물음을 숙고하는 것만으로도 단원의 전체적인 **중심 주제**를 분명하고 빠르게 글로 표현할 수 있다. 하지만 대부분의 사람에게 **중심 주제**나 기타 다른 항목에서 표현되는 핵심 개념은 교사들이 그 과정에 참여할 때 드러나는 경향이 있다.

따라서 **빅 픽처** 페이지 중 아무 곳이나 가장 쉬워 보이는 곳에서 시작하라. 브레인스토밍 과정은 매우 다양한 방식으로 일어난다. 어떤 사람은 기존의 교육과정 계획에 반응하고 비판함으로써 영감을 얻는다. 또 어떤 사람은 교육과정의 근본 원리나 목적 등을 자세히 살펴보면서 꼼꼼하게 기초부터 시작한다. **이해 중심 교육과정**을 사용하는 사람처럼 "학생들이 마지막에 어떤 결과를 얻기 원하는가?"라고 질문함으로써 결과를 염두에 두고 시작하는 사람도 있다.

교사들은 브레인스토밍을 시작하고 반응을 공유하면 각 항목이 채워지기 시작한다는 것을 알게 될 것이다. 템플릿 작성에 몰두할 때 비로소 아이디어가 흘러나오고 생각이 점점 풍성해진다. 그러므로 어디서 시작하든지 바로 거기가 시작하기에 가장 적절한 곳이다.

시작점을 어디에서 선택해도 무방하다는 것을 반드시 기억하라. 왜냐하면 **빅 픽처**를 만들어 가는 과정은 단선적이지 않고 역동적이기 때문이다. 동시에 다음 다이어그램이 보여 주듯이, 상층부와 하층부의 요소들이 음영으로 표시된 요소들에 영향을 미친다.

출발점 제안

출발점이 될 만한 것들을 제안하자면 다음과 같다.

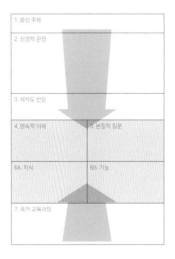

- 국가 교육과정과 같은 기존 교육과정으로 작업할 때는 내용 색인어(성취 기준 코드)들을 검토하라. "무엇이 포함되어 있고, 왜 이런 성취 기준들이 채택되었는가?"

- 국가 교육과정 안에 있는 수많은 옵션에 얽매이지 말라. **빅 픽처**를 본 다음, 국가 교육과정의 필수 내용을 요약하고 "그 필수 내용을 표현하기에 중요한 것이 무엇인가?"라고 질문하라. 궁극적으로는 국가 교육과정을 점검 리스트로 활용하라.

- 다른 사람이 만든 교육과정으로 작업할 때는, 그 교육과정에 있는 내용을 검토하라. "더하거나 빼고 싶은 것이 있는가? 내용을 재배치해야 할 부분은 무엇인가?"

- 새롭거나 혁신적인 것을 도입할 때는 **성경적 관점**을 개발하는 것부터 시작하라. 그런 다음 이것이 왜 필요한지 폭넓은 브레인스토밍을 하라. "왜 이 단원을 개발하는 것에 관심이 있는가? 어떻게 학생들의 흥미를 촉발시킬 것인가? 어떤 핵심 활동을 염두에 두고 있는가?"

- 만일 생각이 막혀 더 이상 작업을 진척시킬 수 없다면 다음 사례를 살펴보라.

- **이해 중심 교육과정**을 지지한다면, 역방향 디자인 접근법에 따라 결과를 염두에 두고 시작하라. "학생들이 성취했으면 하는 학습 결과와 성경적 진리, 실천은 무엇인가?"

이해 중심 교육과정

이해 중심 교육과정이란 무엇이며, 왜 그 기초 틀을 사용하는가?

이해 중심 교육과정은 위긴스와 맥타이가 제안한 교육과정 틀이다. 이것은 교육과정을 개발할 때 도움을 받을 수 있는 유용한 자료 중 하나이다. **이해 중심 교육과정**은 종종 '백워드 디자인'(backwards design)이라고 불린다. 마음속에 미리 결과를 염두에 두고 교육과정을 디자인하기 때문이다. 위긴스와 맥타이에 의하면 **이해 중심 교육과정**은 "요행에 따른 이해가 아닌 설계에 의한 이해를 장려한다." 이는 교사가 학생들의 이해도를 높이기 위해 교육과정 개발을 좀 더 의도적으로 설계하도록 도전한다.

이해 중심 교육과정 모델은 주요 3단계가 있다. 1단계는 그 단원에서 바라는 결과를 확인한다. 2단계는 수용 가능한 증거를 결정한다. 3단계는 그에 맞춰서 교사가 학습 경험과 수업을 계획한다. **이해 중심 교육과정** 틀을 효과적으로 사용하면 교사들이 단원을 개발할 때 이중 잘못을 저지르지 않도록 해준다.

이중 잘못의 첫 번째 '잘못'은 그 단원의 전체 목적을 생각하지 않고 처음부터 주제에 관련된 활동들을 계획하는 것이다. 두 번째 '잘못'은 교사들이 이해를 위한 가르침보다는 진도빼기(coverage)에 관심을 두는 것이다. 이런 접근법은 교과서가 학습 계획을 좌우하는 고학년 수준에서 널리 퍼져 있다.

교육과정 개발에 대한 **이해 중심 교육과정** 접근법의 장점은 교사들에게 1단계(우리 모델에서 **빅 픽처**로 알려진)에서 바라는 결과를 모든 교육과정 계획 영역에서 분명히 드러낼 것을 명심하도록 장려한다는 것이다. 이 점이 바로 우리가 **이해 중심 교육과정**을 각색하여 사용하기로 결정한 핵심 이유 중 하나이다. 성경적 관점과 제자도 반응이 그저 교육과정 문서의 상위에 위치하는 것만으로는 부족하다. 성경적 관점과 제자도 반응들은 주의 깊게 선택된 **영속적 이해, 본질적 질문, 지식, 기능, 평가, 학습활동들**에서 뿐만 아니라 일상의 교실 속 실천에서도 작용되어야 한다.

빅 픽처 모델

핵심 요소들

1️⃣ 중심 주제(The Main Idea)

중심 주제는 전체 단원이 돌아가게 해주는 중심축과 같다. 이 축은 한 단원/주제를 구성하는 모든 다양한 정보를 하나로 묶어 주기 때문에 매우 중요하다. 중심 주제가 없으면 이 모든 것은 어떤 결론에도 이르지 못하는 잡동사니 사실에 불과하다. 학생과 교사는 모든 잡다한 세부 사항에 몰두하다가 학습에 의미를 부여하는 **중심 주제**를 고려하지 못한다. 교사는 "우리는 무엇을 하려고 하는가?"가 아니라 "우리는 무엇을 배우려고 하는가?"를 질문해야 한다.

중심 주제는 학생들이 집으로 가지고 가길 원하는, 혹은 한 단원을 끝낸 이후에도 여러 해 동안 활용하도록 오래 유지되는 메시지이다. 이는 단원의 핵심 메시지를 한 문장으로 요약한 것이다. 그것은 **빅 픽처** 템플릿의 첫 번째 상자이지만, **빅 픽처** 템플릿에 있는 다양한 요소를 작성할 때 드러나는 것으로서 맨 마지막에 완성되기도 한다.

2️⃣ 성경적 관점(Biblical Perspective)

(어떤 질문에 관해서도 성경에 하나의 답만 있지 않기 때문에) 성경에 근거한 관점, 즉 **성경적 관점**은 그리스도인 교사가 이런 연구 영역이 하나님의 계시의 더 넓은 맥락에서 자리 잡고 있는지 생각하게 한다.

창조—타락—구속—갱신의 틀을 사용하여 교사는 주제 영역이 성경의 어떤 이야기와 관련 있는지, 그 부분이 해당 학습 내용에 어떤 통찰과 성찰을 제공할 수 있는지를 파악하기 위한 목적으로 **성경적 관점**을 개발할 수 있다. 창조—타락—구속—갱신이라는 틀은 성경의 오남용(구절 증명, 윤리화, 조잡한 적용, 탈맥락화, 단순화, 성경 구절의 잘못된 연결과 같은 것)을 방지하는 데 도움이 된다.

이 책의 4장은 **성경적 관점**의 개발과 관련한, 종합적인 설명과 광범위한 자료를 제공한다.

3️⃣ 제자도 반응(Threads)•

교사는 한 주제에 대한 **성경적 관점**을 이해하고 관심을 가지게 되면서 말씀에 대한 반응의 필요성을 깨닫지 않을 수 없다.

성경에서 하나님은 자신의 백성이 어떻게 살아야 하는지에 대한 의도를 말씀하신다. 하나님은 하나님 나라의 백성을 **만물의** 회복을 위한 적극적인 대리인으로 초대하신다. 그러므로 **제자도 반응**은 응답하는 예수님의 제자가 되는 것이 무엇을 의미하는지를 구체적으로 표현한 것이며, 학생들이 개발하기를 바라는 행동 반응과 자질, 특성이다.

중심 주제와 **성경적 관점**을 구상하고 작성할 때 주의 깊에 선택해야 할 적절한 **제자도 반응**이 여러 개(아마 2, 3개) 나타날 것이다.

제자도 반응이라는 실로 교육과정을 짤 때 통찰과 적용이라는 화려한 태피스트리(tapestry)가 만들어지기 시작한다. 한 단원에서 확인된 핵심적인 **제자도 반응**으로 공부하다 보면 학생은 학습 내용의 타당성과 적용 가능성을 확인할 수 있는 준비된 수단을 제공 받는다. 그러므로 **제자도 반응**은 학생이 개발할 수 있는 특정 반응을 포착하고 단원 전체를 하나로 모으는 기능을 한다.

그러나 **제자도 반응**이라는 용어를 오해하지 않는 것이 중요하다. **제자도 반응**이 **빅 픽처**를 전체적으로 묶는 유일하거나 주된 응집 요소라고 이해해서는 안 된다. 그것은 전체 7개 항목 중 하나일 뿐이다. **빅 픽처**의 모든 요소가 **제자도 반응**과 마찬가지로 그 단원을 전체적으로 묶어 낸다. **지식과 기능** 목록은 물론 **중심**

....

• 역주 - '제자도 반응'은 원서에서 '실', '줄기', '맥락'이란 뜻을 가진 "Threads"를 옮긴 것이다. Threads는 교육과정의 모든 구성 요소를 유기적으로 결합시켜 교육과정 전체를 통일성 있는 하나의 체계로 만드는 핵심 요소를 의미한다. 이 개념은 랄프 타일러(Ralph Tyler)가 제안한 것으로서, 그의 저서 *Basic Principles of Curriculum and Instruction*에서 소개되고 있다. Thread를 원의대로 "교육과정의 근간"으로 번역할 수 있겠으나 일반 독자들이 그 의미를 파악하기 어렵겠다는 우려가 많아 내용적인 의미를 살려 '제자도 반응'으로 번역한다. '빅 픽처 모델'에서는 단원 학습이 끝났을 때 학생들에게 기대할 수 있는 성경적 세계관에 근거한 실천적 반응, 즉 '제자도 반응'이 단원 전체 교육과정의 모든 요소를 유기적으로 엮어 내는 근간(Thread)이 된다.

주제, 영속적 이해, 본질적 질문도 똑같이 작용한다.

이 책의 5장은 제자도 반응을 종합적으로 설명하며, 제자도 반응을 선택하고 이것으로 작업하기 위해 필요한 일련의 자료들을 제공한다.

🌾 4 영속적 이해(Enduring Understandings)

영속적 이해를 파악하고 확정함으로써, 우리는 학습이 단지 자료를 통한 지식 습득보다 더 광범위한 것을 추구한다는 것을 알게 된다. 블룸은 "이해란 효과적인 적용과 분석, 종합, 평가를 통하여 기능과 사실을 지혜롭게 그리고 적절하게 정렬하는 능력"이라고 말했다. 위긴스와 맥타이는 블룸의 이해 개념을 확장해서 이해의 6가지 국면으로 설명, 해석, 적용, 관점, 공감, 자기 지식을 제시한다. 이해를 추구하는 것은 배워야 할 지식을 모으거나 지식 내용의 목록을 나열하는 것이어서는 안 된다. 오히려 더 깊은 의미와 연관된 새로운 학습을 효과적으로 전달하는 기회가 되어야 한다. 여기에서 우리는 한 단원을 학습한 결과로서 학생들이 파악하기를 바라는 영속적 이해를 정하려고 한다. 이상적으로는 빅 픽처 템플릿에서 열거된 핵심적인 영속적 이해가 5개를 넘지 않는 것이 바람직하다.

영속적 이해를 확정하려면 학습이 어디로 향하고 있으며, 어떻게 경험되는지를 명확하게 파악해야 한다. 다른 단원의 교육과정에서 목적과 이론적 근거(rationale), 이해 항목에서 진술된 것을 두고 고민하는 것은 유용한 출발점이 될 수 있다. 영속적 이해는 중심 주제, 성경적 관점, 제자도 반응과 국가 교육과정의 요구 사항을 기반으로 한다. 영속적 이해와 본질적인 질문은 강력한 관계를 맺고 있으며 서로 긴밀하게 정보를 제공한다는 것을 의식하는 것 또한 중요하다.

본질적 질문을 분명하게 표현하는 것과 함께 영속적 이해를 포착하는 것은 교사가 단원에 포함해야 할 내용 범위의 문제, 즉 본질적이고 중요하며 가치 있는 것을 명확하게 하고 이것을 불필요한 것과 분리하는 일을 처리하는 데 도움을 준다. 교사가 국가 교육과정에 나열된 모든 기대치에 도달하려면, 학교의 연간 계획에 확보된 시간이 턱없이 모자란다는 것을 알게 될 것이다. 선택은 반드시 필요하며, 교사는 적절한 범위를 결정하기 위해 긴 교육과정 개요 목록을 분류하여 정리해야 한다. 교사가 빅 픽처의 요소를 파악하고 있으면, 본질적이고 중요하고 가치 있는 것과 버려야 할 것을 분리하는 일이 훨씬 쉬워진다.

이런 영속적 이해를 염두에 두고 교수법과 학습 활동, 평가 과업을 계획할 때 영속적 이해는 그 단원 전체를 관통하여 흐를 것이다.

영속적 이해는 학생들에게 분별력과 비판력을 갖추는 데 매우 큰 영향을 주는 본질적인 것이기 때문에, 통상적인 오해를 확인하는 일도 포함한다. 오해는 이의를 제기할 필요가 있는 잘못된 가정을 식별한다. 간단한 예로 다음과 같은 것일 수 있다. "더 나은 기술은 우월한가?", "햇볕에 그을린 피부는 건강함의 표징인가?"

> **영속적 이해**
>
> • 단원 안에서 공부한 내용 중 학생들이 이해하고 기억하기 원하는 내용을 포착한다.
>
> • 특정 주제 이상의 가치를 지닌, 전이 가능한 중심 주제를 의미한다.
>
> • 추상적이고 반직관적(counter-intuitive)이며 쉽게 오해할 수 있는 생각(ideas)을 포함한다.
>
> • 기능 영역에서는 중요한 전략적 원칙들을 요약한다.

"이해란 우리가 학생들에게 남기고자 하는 중심 주제에 관한 구체적인 통찰력과 추론, 또는 결론이다." _ 그랜트 위긴스와 제이 맥타이

🌾 5 본질적 질문(Essential Questions)

본질적 질문은 중심 주제와 영속적 이해를 이끌어 내기 위해서 단원 전체에 걸쳐 지속적으로 질문하는 3, 4개(아마도 5개를 넘지는 않는)의 핵심 질문이다. 사소한 다른 질문들까지 빅 픽처 요약에 담아 낼 필요는 없지만 교사의 주간 계획에는 포함될 수 있다.

본질적 질문은 주요 철학적 요소(중심 주제, 성경적 관점, 제자도 반응, 영속적 이해)와 교실에서 강조되는 것 사이를 이어 주는 강력한 연결점이다. 본질적 질문의 틀을 설정함으로써, 교사는 학습 내용의 깊이와 폭, 학습에 대한 이해에 주의를 기울일 수 있다.

많은 관찰자는 본질적 질문과 탐구 기반 학습의 교육철학이 중복된다는 점에 주목할 것이다. 즉, 본질적인 질문은 학습자들에게 다음을 보장한다. 학습자는,

• 사고와 토론, 토의를 자극하는 생산적인 탐구 활동에 참여한다.

• 기존 생각을 재검토하고 더 많은 질문을 하도록 자극 받는다.

• 중요한 문제에 대해 더 깊은 통찰을 얻는다.

본질적 질문을 작성하는 것은 교육과정 개발 과정의 일부이며 대개 중심 주제, 성경적 관점, 제자도 반응, 영속적 이해 항목에 대한 작업이 끝난 후에 이어진다. 그러나 유익한 이해 중심 교육과정의 틀로 표현되는 대안적 관점은 역방향 디자인 접근 방식이 도움이 될 수 있다고 주장한다. 즉, 핵심적인 영속적 이해와 학습 결과 및 평가를 식별하고 나면, 본질적 질문을 명확히 할 수 있다는 것이다. 과정이 어떤 방식으로 수행되었는지보다는 과정이 수행되었다는 사실 자체가 더 중요하다.

> 본질적인 질문에는 명확한 특징이 있다.
> 본질적인 질문의 좋은 조건은 다음과 같다.
>
> - 열린 질문으로 끝난다. 열린 질문은 보통 단 하나의 최종적인 답이나 정답이 없는 질문이다.
> - 사고를 촉발시키고, 지적으로 관련을 맺으며, 종종 토론이나 논쟁을 일으킨다.
> - 분석, 추론, 평가, 예측과 같은 고차적 사고를 요구한다. 그리고 이전 학습 내용을 기억하는 것만으로는 제대로 답할 수 없다.
> - 학문 안에 있는 (때로는 학문에 걸쳐서) 중요하고 전이 가능한 개념들을 가리킨다.
> - 후속 질문을 이끌어 내며 깊은 연구를 촉발한다.
> - 단지 하나의 대답을 원하는 것이 아니라, 지지와 정당화를 요구한다.
> - 시간이 지나도 반복적으로 제기된다. 즉 계속 재검토되는 질문이다.
> - 검색 엔진으로 해결할 수 없다(쉽게 연구되지 않는다). 본질적인 질문은 발견되고, 드러나고, 창안되어야 한다.

"교사들은 한 단원에서 본질적인 질문을 몇 개나 물어야 하는지 묻곤 한다. 위긴스와 맥타이는 '소수의 좋은 사람'(a few good men)이라는 해병대 모병 구호를 변형시켜 '소수의 좋은 질문'이라고 답한다. 설정한 질문들이 정말 본질적이라면, 그것들은 우선순위를 설정하고 모든 핵심 개념을 드러내는 데 도움을 줄 수 있고 도움이 되어야 한다." _ 위긴스와 맥타이

⑥ 지식과 기능(Knowledge and Skills)

교사는 모두 지식과 기능의 목록에 익숙하다. 지식이란 우리가 가르치는 단원 혹은 주제에 대해 학생들이 알기를 바라는 내용이다. 기능은 학생들이 그 단원의 내용으로 일할 때 행하기를 바라는 것이다. 이런 목록은 학생이 이 단원의 내용을 학습하면서 습득하거나 실천할 지식과 기능을 정리한 것이다.

이 항목에서 교사들은 참조하고 있는 국가 교육과정(지식과 기능 목록과 그것의 내용과 해설 목록 모두)에서 찾을 수 있는 가치 있는 것들을 주의 깊게 고려해야 한다. 이것들은 수정된 지식과 기능의 목록이 만들어지기 전에, 항목 1-5를 통해 생겨난 이해를 배경으로 검토된다. 이것은 단순히 잘라 붙이기 한 것이 아니다. 교사는 어떤 지식과 기능이 빅 픽처 모델 안에서 고려된 모든 것과 가장 잘 어울릴지 비판적으로 분석하고 생각해야 한다. 그 목록은 명확하고 사용자 친화적인 언어로 표현되어야 한다. 이 항목은 위의 항목(1-5)과 아래 항목, 즉 국가 교육과정 간의 중요한 교차점/충돌 지점이다.

⑦ 국가 교육과정(Prescribed Curriculum)*

국가 교육과정(혹은 시·도에서 제정한 지역 교육과정)은 학습 계획을 표현하는 하나의 도구이다. 기독교 학교에서는 국가 교육과정이 결코 출발점이 되어서는 안 되지만, 그렇다고 무시되어서도 안 된다. 국가 교육과정의 고유한 영향력을 고려하여 사용해야 한다. 빅 픽처 모델 안에서 국가 교육과정 항목은 그것이 교육을 이끄는 운전자가 아니라는 점을 강조하고자 의도적으로 맨 마지막에 둔다.

빅 픽처는 국가 교육과정 중 어떤 내용을 다룰지에 대한 요약 목록을 포함해야 한다. 대부분의 교사가 이 목록이 그들이 다루는 내용에 대한 유용한 체크리스트라고 생각하기 때문이다. 참조점으로서 내용과 색인어(descriptor)** 목록은 교사가 단원을 개발할 때 유용한 자극이 된다. 내용과 색인어 목록은 교사들이 다른 사람들이 중요하게 여기는 것이 무엇인지를 가늠하도록 돕고, 필수적인 (국가 교육과정) 요구사항을 교차 점검할 수 있는 수단을 제공한다.

국가 교육과정은 유용한 기준점이자 감사 도구이다. 국가 교육과정 목록과 그것으로부터 주의 깊게 선택한 것에 대한 비판적 검토는 빅 픽처 내의 다른 모든 설계 요소를 고려하여 수행된다. 내용의 제목과 색인어의 조정된 목록이 이 항목에 포함된다.

....

- 역주 - "Prescribed Curriculum"은 법적 권한을 가진 기관에 의해서 제정되고 시행되는 교육과정을 의미한다. 원문을 그대로 번역하면 "처방된 교육과정"이라고 할 수 있으나 뜻이 명확하게 전달되지 않고, 우리나라의 경우 국가 교육과정이 이에 해당되어 '국가 교육과정'으로 번역한다.
- •• 정보를 분류하거나 문헌의 개념이나 내용을 표현하기 위해 사용되는 약호나 키워드이다.

교육과정 사례들

교육과정 개발을 위한 모델

다음 예시는 다른 교사들이 단원의 빅 픽처에 어떻게 접근하는지를 잘 보여 준다.

예시 ①: **기초 읽기와 쓰기, 역사** – 공동체 단원

1. 중심 주제

하나님은 우리를 공동체 안에서 서로 돕고 살도록 만드셨다.

2. 성경적 관점

성경에서 하나님은 아담과 하와의 결혼을 통해 인류 최초의 공동체를 만드셨다. 아담에게 돕는 배필이 생겼을 때, 아담과 하나님 모두 만족했다. 그것은 모든 의미에서 완벽한 공동체였다. 그러나 아담과 하와가 선악을 알게 하는 금단의 열매를 먹은 후, 하나님은 그들의 불순종을 징계하셨다.

그 이후 모든 인간 공동체와 관계는 죄와 고통, 고난, 악을 경험한다. 타락의 영향이 인간 삶의 모든 영역에 흔적을 남기기 때문이다. 개인과 젠더, 가족, 종족, 단체, 나라, 인종, 조직, 기관, 사회 속에 타락의 흔적이 남았다. 그럼에도 하나님의 복이 아담과 하와에게 남아 있었다. 죄로 타락했다고 해도 하나님의 은혜가 완전히 제거된 것은 아니다. 이후 아담과 하와의 결혼으로 가인과 아벨이 태어나서 인류 최초의 가족 공동체가 형성되었다.

인간의 타락 이후 완벽한 공동체는 존재하지 않는다. 모든 공동체에는 잘못과 상처와 약점이 있다. 공동체는 하나님의 방식을 존중하지 않고, 하나님께 영광을 돌리지 않는다. 건강하고 선한 공동체조차도, 심지어 사랑을 추구하는 공동체나 하나님을 섬기는 공동체조차도 죄의 영향으로 악과 고통과 고난을 경험한다. 관계가 분열되고, 하나님이 주신 소명과 사명, 목적이 무시된다. 공동체는 역기능적이고, 타락하고, 착취하고, 분열하고, 자기중심적이 되고, 권력 지향적이 된다. 어떤 공동체는 다른 공동체의 목적과 과업, 소명을 앗아 간다. 오직 자기 집단의 구성원만을 위한 이익과 만족을 추구하는 공동체도 있다. 폭력과 불의와 탐욕, 이기적 이익과 파괴와 욕망을 추구하는 공동체도 있다.

그러나 각 공동체는 활동과 관계를 통해서 하나님을 섬기도록 부름 받았다. 모든 공동체는 하나님의 축복과 은혜를 경험할 수 있다. 모든 공동체는 그들의 활동과 목표를 통해서 회복을 가져오거나 선하고 좋은 결과를 얻도록 부름 받았다. 또한 모든 공동체는 자기를 둘러싼 더 넓은 사회를 돕고, 평화와 샬롬을 가져오며, 약하고 가난한 자들을 위한 정의를 실현하고 창의성과 신체적 표현을 즐기도록 부름 받았다.

하나님의 자녀들은 하나님의 사랑에 대한 반응으로 자신이 속한 공동체는 물론, 더 넓은 공동체에서도 소망과 화해, 사랑, 정의를 실현할 수 있는 길을 찾도록 격려 받을 것이다. 학교 공동체에서는 환대를 실천할 기회가 주어지며, 학생들은 은사를 사용해서 지역적으로나 세계적으로 다른 사람을 돕고 섬기도록 부름 받았다. 하나님의 사랑을 반영하는 공동체는 정직과 통합, 보살핌, 연민, 친절, 인격적인 대우, 인내, 타자에 대한 봉사와 같은 효과적인 공동체 생활을 권장하는 가치와 덕목을 실천할 것이다.

3. 제자도 반응

공동체 세우기: 공동체가 세워짐에 따라 학생들은 자신들이 다른 사람들에게 역동적인 기여자이자 격려자라는 것을 탐구할 것이다. 학생들은 교실 안에서뿐만 아니라 교실 밖에서까지 다른 사람들을 섬길 수 있는 법을 발견할 것이다.

환대 실천하기: 학생들은 다른 사람들을 환영하고 수용한다. 그리고 자신들의 재능을 사용해서 다른 사람들을 공동체 안으로 받아들인다.

은사 계발하기: 학생들은 자신들의 은사를 계발하고 사용해서 자신과 다른 사람들의 삶을 풍요롭게 한다. 학생들은 공동체에 기여할 수 있는 자기만의 독특한 방법을 찾도록 격려 받는다.

4. 영속적 이해

학생들은,

· 하나님이 우리를 공동체에서 살도록 창조하신 이유를 탐구한다.

· 부모님과 조부모님의 어린 시절에 대한 통찰을 얻는다.

· 다양한 가족 구조와 중요한 사건을 기념하는 각기 다른 방식을 비교하고 대조한다.

· 가정과 학교, 그 외의 공동체에서 자신들의 은사와 재능으로 기여할 수 있는 방법을 생각한다.

· 자기 자신을 넘어 다음 대상인 가족으로 생각을 확장한다.

오해

· 공동체는, 예를 들어 이웃과 같이 오직 하나의 제한된 개념만을 지칭한다.

· 공동체는 인간의 아이디어로 만든 집단이다.

5. 본질적 질문

· 공동체를 공동체답게 만드는 요소는 무엇인가?

· 공동체에도 규칙이 필요한가?

· 내 이웃은 누구인가?

· 혼자서는 할 수 없지만 공동체 안에서는 할 수 있는 것은 무엇인가?

· 공동체에서 어린이의 위치와 역할은 무엇인가?

· 할머니가 아이였을 때와 지금의 생활은 어떤 점이 다른가?

6A. 지식

학생들은,

· 하나님이 최초의 공동체를 만드셨음을 안다.

· 다른 사람의 가족과 주거 상황은 자신의 상황과 다를 수 있음을 안다.

· 할아버지, 할머니가 자랄 때의 생활상(일상생활, 가족 전통, 여가시간, 소통)에 대해서 안다.

· 공동체는 구조를 갖고 있다는 것을 안다. (학교 공동체를 본보기로 자세히 살펴볼 것이다.)

· 공동체는 지도자와 조력자가 있으며, 각 사람은 특정한 직업을 가진다는 것을 안다.

· 공동체에는 지역 상점이나 병원, 소방서, 경찰서와 같은 공통 직업이 있다는 것을 안다.

6B. 기능

학생들은,

· 토론, 역할극, 경청을 통해서 탐구하고 소통한다.

· 다른 관점을 탐구한다.

· 다른 사람의 말을 경청하고 존중한다.

· 과거, 현재, 미래를 구분한다.

· 가정, 학교, 다른 공동체에서 섬김을 실천한다.

· 역사적 자료를 사용해서 질문을 제기한다.

7. 국가 교육과정

역사적 지식과 이해

· 가족 관계 안에 있는 사람들, 그들의 출생지와 성장한 곳, 서로 간에 관련을 맺는 방식(ACHHK001)

· 오늘날 여러 가족, 가족 집단 간의 구조적 차이점과 그들이 가지고 있는 공통점(ACHHK002)

· 그들과 그들의 가족, 친구들이 과거의 중요한 사건들을 기념하는 방식(ACHHK003)

· 사진이나 물건, 책, 구전된 역사, 디지털 미디어, 박물관을 통해서 가족의 이야기와 과거의 역사가 소통하는 방식(ACHHK0034)

역사적 기능

· 익숙한 물건과 사건을 순서대로 배열하기(ACHHS047)

· 과거, 현재, 미래 구분하기(ACHHS048)

· 제공된 자료들을 사용해서 질문 제기하기(ACHHS049)

· 다양한 의사소통 형식(구술, 그래픽, 기록, 역할극)과 디지털 기술 사용하기(ACHHS054)

· 관점 탐구하기(ACHHS020)

예시 ②: 5, 6학년 기초 과학 - 남극 단원

1. 중심 주제

하나님의 장엄한 창조세계인 남극대륙의 독특한 생태계는 우리가 그곳과 특별한 관계를 맺고 그곳에 반응하기를 바란다.

2. 성경적 관점

남극대륙 단원에서는 창조주의 놀라운 사역을 탐구할 것이다. 그 땅의 장엄한 아름다움과, 창조세계의 상호의존성과 조화로운 관계, 야생동물의 다양성과 적응성은 우리를 경이롭게 한다. 남극의 추위에 적응한 생명체가 척박한 환경에서 생존하는 방식, 먹이사슬의 상호의존성, 각종 생물 종(種)이 생존하는 자연 적응 방식을 살펴볼 것이다. 이어서 두 극지점의 하나인 남극이 가진 위치와 지구 기후에 대한 영향, 오존층 구멍이 자외선 수준과 날씨 패턴에 미치는 영향, 남극이 전 세계 얼음의 90%와 담수의 70%를 저장하고 있다는 사실을 알아볼 것이다. 펭귄 새끼들의 뒤를 따라가며 행진하는 부모 펭귄의 행렬 동영상 자료를 보고, 자연의 놀라운 타이밍과 부모 펭귄의 헌신, 생명체가 변화하는 삶의 주기에 반응하는 방식에 놀라움과 경이감을 느끼게 된다.

우리는 이것이 하나님의 세상임을 확신한다. 하나님은 계획과 목적에 따라 세상을 창조하셨다. 하나님은 세상 전체를 돌보고 유지하신다. 우리는 하나님의 형상으로서 세상을 알고 이해하려는 욕구를 갖도록 창조되었으며, 그래서 남극을 포함해서 세상을 탐구하려고 노력해 왔다. 사람들은 때로는 영웅적 헌신으로 남극대륙을 발견하고, 이해하고, 열어 보여 주기 위해 도전해 왔다.

일부 환경운동가는 남극을 어떤 이유로도 건드려서는 안 되는 '금단의 열매'처럼 여긴다. 우리는 아직 정확히 이해할 수 없지만, 하나님이 목적을 가지고 남극을 창조하셨으며 남극도 하나님의 계획의 일부이다. 우리는 청지기로서 그 땅에 최선의 유익이 되도록 지혜롭고 책임감 있게 행동해야 한다는 것을 안다. 그러나 하나님은 다른 곳에서와 마찬가지로 그분의 영광과 목적을 위해 우리가 그 땅을 사용하도록 허락하신다. 남극에는 의학적 치료 분야에 굉장한 도움을 줄 수 있으나 아직 우리에게는 미지의 생물인 바다 피조물이 있다. 동시에 독특한 아름다움과 가치 때문에, 그리고 인간의 착취에 따른 위험으로 인해 특별 보호 지역으로 지정해야 할 장소가 있다. 자연을 돌보는 것에 대한 성경적 지침과 자연을 이용하는 것에 대한 성경적 지침 사이의 긴장은 어디에 있는가?

호주 영토의 두 배 크기이며, 세계에서 다섯 번째로 큰 대륙인 남극에

러시아 탐험가들이 섰던 1820년대 이후 사람들은 계속해서 남극대륙에 발을 내디뎠다. 현재까지 남극에 상주하여 사는 사람은 없다. 오직 과학 탐구를 목적으로 국가가 세운 연구센터에 소수의 인원만 한시적으로 오가고, 제한된 관광객이 여름에 잠시 방문할 뿐이다. 이런 제한 덕분에 남극이 오염되지 않았다는 주장도 있다. 여기서 재미있는 질문을 해볼 수 있다. 그렇다면 인간이 남극에 도달하기 전까지 그 대륙은 하나님이 의도하신 그대로 존재했는가? 비록 남극에 인간이 상주하지는 않았지만 인간이 남극에 영향을 미쳤다는 증거가 있다. 남극 주변의 해양 오염, 과다한 어획, 바다 파괴로 인한 어종 감소, 지구 온난화로 인한 빙하의 파괴 같은 것들이 그 사례다. 이런 모든 일이 남극대륙에 영향을 끼쳤다. 어류 남획으로 앨버트로스의 개체 수가 급격하게 줄었다. 바다 생물 중 한 종(種)을 대량 살상하는 것은 먹이 사슬에도 연쇄적인 영향을 미친다.

이제 우리는 남극대륙에 미치는 인간의 영향력을 과거보다 더 분명하게 인식하고 있다. 그렇지만 여전히 부적절한 연구와 과잉 관광, 크루즈 선박의 석유 유출이나 광물 채굴을 포함한 잠재적인 환경 파괴 등으로 인간은 남극대륙을 계속해서 훼손하고 있다. 남극대륙을 청소하고 쓰레기를 치우는 데 드는 엄청난 비용은 우리가 남극대륙을 보호하는 일을 외면하게 만든다. 남극대륙이 지금 당장 우리 눈앞에 보이지 않는다는 것 역시 남극이 제대로 보호 받지 못할 위험이 있다는 것을 의미한다. 남극대륙이 인간의 무관심한 부주의에서 적절하게 보호되기 위해서는 면밀한 관심과 상호 감시가 필요하다.

남극협약은 남극대륙을 오로지 평화적, 과학적 목적에 한하여 이용하도록 하고, 국제협력을 통한 군사 활동과 광물 채굴을 엄격하게 금하는 자연보호 지역으로 정하고 있다. 그리스도인들은 그 대륙뿐만 아니라 다양한 연구 결과를 공유하고, 또 더 큰 지구적 목적을 위해 자연적인 자기 이익을 보류하는 것에 대한 이 특별한 협약에 갈채를 보낼 것이다. 이 협약과 국제적 협력은 남극대륙을 많은 위험으로부터 지켜 주고 있다. 그러나 미래에 만일 남극대륙에서 가치 있는 자원들이 발견된다면 자원을 획득하려는 경쟁으로 이런 협력이 사라질 가능성도 있다.

3. 제자도 반응

세상 돌보기: 학생들은 남극대륙에 가장 유익이 되는 행동을 하고, 청지기로서의 지혜를 보여 주며, 남극대륙에 대하여 책임 있게 행동하는 방법을 탐구하도록 도전 받을 것이다. 또한 남극에서 새롭게 발견되는 것이 어떻게 공동체에 이익이 되는지 탐구할 것이다.

창조세계 숙고하기: 학생들은 창조주의 놀라운 사역을 보고, 남극대륙의 장엄한 아름다움 앞에서 하나님을 경외할 것이다.

패턴 발견하기: 학생들은 남극대륙의 피조물이 주변 환경과 조화를 이루며, 야생의 생물들이 다양성과 적응성을 통해 살아가도록 하신 하나님의 설계를 발견하고 탐구할 것이다.

4. 영속적 이해

학생들은,

· 하나님이 창조세계를 사랑하신다는 것과, 우리에게 그것을 돌보도록 부탁하시는 것에 대해 성찰한다.

· 남극대륙의 아름다움과 독특함에 대해 감사하고 감탄한다.

· 그들의 생활 방식이 어떻게 환경에 영향을 미치는지를 생각하도록 영감을 받는다.

· 미래에 이 땅이 사용되고 보존될 수 있는 가능한 방안들을 제시한다.

오해

· 남극은 너무 멀리 떨어져 있어서 안전할 것이다.

· 남극을 오염시킬 만큼 그 대륙에 사람이 많지 않다.

5. 본질적 질문

· 남극대륙이 특별한 점은 무엇인가?

· 자연과 우리는 어떤 관계인가?

· 어떻게 해야 하나님이 주신 남극을 망치지 않으면서 탐구하고 이용할 수 있는가?

· 남극에서 일하고 남극을 돌보는 일에 있어서 우리는 어떤 선택을 할 수 있는가?

6A. 지식

학생들은,

· 남극대륙의 위치와 물리적 특징을 안다.

· 남극에 관한 용어를 안다.

· 독특한 동물 생활과 생태계를 안다.

· 남극 탐험의 역사를 안다.

· 오늘날 남극에 거주하면서 일하는 것이 어떠한 것인지를 안다.

· 남극대륙을 위협하는 문제를 안다.

6B. 기능

학생들은,

· 읽기와 지도 만들기를 할 수 있다.

· 인간 행동이 먹이사슬에 끼치는 영향을 평가할 수 있다.

· 탐험가들을 비롯해서 과거와 현재의 탐구 경험을 비교할 수 있다.

· 탐구 질문들을 제시할 수 있다.

· 여러 사실의 관련성을 보여 주기 위해 읽고, 강조하고, 기록할 수 있다.

· 어떤 문제를 다른 관점으로 비판하고 의견을 만들 수 있다.

7. 국가 교육과정

과학 이해

수준 5

· 생명체는 그들이 처한 환경에서 살아남을 수 있는 구조적 특징과 적응력을 가지고 있다(ACSSU043).

수준 6

· 생명체의 성장과 생존은 환경의 물리적 조건에 의해 영향을 받는다(ACSSU094).

· 갑작스런 지질학적 변화와 극단적인 기후 조건들은 지구 표면에 영향을 끼친다(ACSSU096).

· 인간의 노력으로서의 과학(수준 5와 수준 6)

· 과학은 자료 수집을 통해 예상을 검증하고, 증거를 활용하여 사건과 현상에 대한 설명을 발전시킨다(ACSSU098).

· 인간 생활에 직접적으로 영향을 끼치는 문제를 해결하기 위해 과학적 이해와 발견과 발명이 사용된다(ACSHE100).

· 과학적 지식은 개인적 결정과 공동체적 결정을 위해 활용된다(ACSHE220).

과학 기능(수준 5와 수준 6)

· 설명을 발전시켜 나갈 때, 증거를 이용해서 자료를 예측하고 비교한다(ACSIS221).

· 지침에 따라 질문에 대답하거나 문제를 해결하기 위한 적절한 탐구 방법을 계획한다(ACSIS103).

· 다중 양식의 텍스트를 포함한 다양한 방법으로 생각과 설명, 과정을 전달한다(ACSIS093).

예시 ③: 초등학교 고학년 읽기와 쓰기, 과학 – 빛 단원

1. 중심 주제

하나님께서 세상에 선물로 주신 빛

2. 성경적 관점

창조 이야기에서 하나님은 빛이 지구상의 생명체에게 근본적으로 필요한 것이며 그분이 바로 그 빛의 근원이심을 계시하신다. 빛을 독립된 한 단원으로 편성한 것은 빛이 그만큼 중요한 것이기 때문이다. 이 빛 단원은 저학년의 단원을 보완한다. 하나님의 세상에서 어린이들이 가지는 경험을 확장하고 심화시킨다.

어떤 면에서 지구상의 모든 생명체는 빛에 의존하여 생존한다. 그러나 빛은 단순한 존재 이상으로 중요하다. 빛은 미학적으로 반응하는 다양한 색깔과 시각적 인식에 풍요로움을 제공한다. 빛은 사교 행사장의 분위기를 조성하고 정서적 반응을 일으킨다. 빛은 진실과 정직 같은 것을 상징한다. 빛은 우리 삶의 물리적 조건을 마련해 줄 뿐만 아니라 삶의 모든 차원에 걸쳐 지구를 인류가 살아가기에 알맞은 곳이 되도록 한다.

빛에 대해서 공부할 때 빛을 단지 '자연적'인 현상으로만 간주하지 않는 것이 중요하다. 다른 피조물과 빛의 관계를 충분히 알면 빛의 의미를 더 잘 이해하게 된다. 빛을 공부해서 빛의 기능의 범위를 충분히 파악하고 빛이 경험의 모든 측면에서 기능하는 방식을 알아내야 한다.

근대 세계관에서는 사물을 과학적으로 알 때에만 진정으로 아는 것이라고 규정한다. 빛을 보는 방식에 대한 이런 과학적 관점의 영향을 알고, 의식적으로 이 학습 단원의 구조와 실천에서는 이런 요소를 반박하도록 노력해야 한다. 우리가 빛을 관심의 초점에 둔다고 해도 빛 그 자체만 따로 분리해서 알 수는 없다.

벽난로 앞에 앉아 불꽃이 춤추고 빛의 색깔이 변하는 것을 보는 것, 기도회에 모인 무리 가운데 촛불을 밝히는 것, 저녁 식사를 위해 백열등을 끄고 촛불을 밝히는 것, 범죄 예방을 위해 런던의 거리를 가스램프로 밝히는 것, 복잡한 교차로에 신호등을 설치하는 것, 자신을 세상의 빛이라고 하신 예수님의 선포, 새로운 날의 새벽을 알리는 태양 빛의 밝아 옴 등의 예를 통해 우리는 빛이 가진 경험 가능성이 얼마나 풍성한지 알게 된다.

하나님의 세상에서 빛의 색깔을 폭넓게 생각해 보라. 꽃에서, 의복에서, 벽에 칠한 페인트와 캔버스의 색깔에서, 어떤 색깔이 어떤 문화적 의미를 가정하는지 알아보고, 국기와 웨딩드레스의 색깔 등에서 빛을 생각해 보자. 이것들은 단순한 역사적 사건이 아니라 인간이 문화적 과업을 수행해 감에 따라 세상의 의미가 드러나는 사례이다. 모든 인간은 하나님의 이름을 찬양하고 인간의 유익을 도모하기 위해 빛의 풍부한 의미를 열어 가는 하나님의 동역자이다.

그러나 죄로 인한 타락의 결과로 빛도 불순종의 도구로 사용되고, 하나님의 목적을 방해하고 부인하는 방식으로 사용될 수 있다. 학생들은 이런 죄의 결과와 함께 세상을 치료할 수 있는 그리스도인의 화해의 능력도 알아야 한다. 레이저 광선은 전쟁에서 파괴를 목적으로 사용될 수 있고, 골키퍼의 눈에 비춰 제대로 보지 못하게 할 수도 있고, 혹은 의학적 치료 목적으로 사용될 수도 있다. 빛을 잘못 사용하면 실명을 초래하지만, 눈의 결함을 극복하기 위해 안경을 사용할 수도 있다. 하나님이 주신 선물을 사용해서 하나님의 이름을 영화롭게 하고 인간의 삶에 긍정적인 영향을 끼칠 수 있는 방법을 아는 것은 참으로 큰 도전이다.

3. 제자도 반응

창조세계 숙고하기: 학생들은 창조주와 그분의 작품을 묵상하며, 기쁨으로 반응하고 찬양한다.

왜곡에 도전하기: 학생들은 죄의 영향을 받은 영역들을 찾아서 비판하며 하나님의 목적을 분별한다.

놀이 즐기기: 학생들은 하나님이 제공하시고 그리스도가 회복하신 것에 대한 반응으로서 기쁘게 놀이하는 태도를 가진다.

4. 영속적 이해

학생들은,

· 하나님이 어떻게 생명의 근원이시며 세상의 빛이신지를 탐구한다.

· 빛이 어떻게 우리 생활에 기쁨과 풍요를 가져왔는지를 경험하고 성찰한다.

오해

· 빛은 그저 하나의 자연 현상일 뿐이다.

· 사물을 과학적으로 알 때에만 진정으로 아는 것이다.

5. 본질적 질문

· 우리는 어떻게 우리 주변의 '빛'을 경험하고 즐기는가?

· '빛'은 하나님과 창조세계에 대해 무엇을 말하고 있는가?

· 예수님은 왜 '세상의 빛'으로 불리시는가?

심층 질문

· 왜 그림자는 우리를 따라올까?

· '빛'이 없다면 생명은 어떻게 될까?

6A. 지식

학생들은,

· 빛이 어떻게 광원으로부터 그림자를 만드는지(흡수, 반사, 굴절) 안다.

· 빛의 속성과 빛이 어떻게 우리를 보게 하는지 안다.

· 빛이 우리 생활과 공동체에 주는 기능을 안다.

· 다양한 청중과 목적에 적합한 언어 기능, 어휘와 음성 효과 등을 사용할 줄 안다.

6B. 기능

학생들은,

· 질문을 제기하고 결과를 예측한다.

· 안전한 방법으로 장비를 사용하고, 관찰의 정확도를 개선한다.

· 자료를 조직적으로 정리한 표와 그래프를 작성한다.

· 관점을 정당화하고, 상호작용하는 기술을 개발한다.

· 청중에게 적합한 소리와 그림, 언어를 선택하여 다양한 종류의 창의적인 텍스트를 계획하고, 연습하여 전달한다.

· 자신과 동료의 작업 결과물을 다시 읽고 편집한다.

7. 국가 교육과정

과학 이해

· 광원에서 나온 빛은 그림자를 만들고, 흡수 · 반사 · 굴절될 수 있다(ACSSU080).

인간 노력으로서의 과학

· 과학은 사건과 현상을 더 잘 설명하기 위해 자료를 수집하고 증거를 사용하여 예측을 검증하는 일과 관련을 맺는다(ACSHE081).

· 과학적 이해, 발견, 발명은 인간의 삶에 직접적으로 영향을 미치는 문제를 해결하기 위해 사용된다(ACSHE083).

· 과학적 지식은 개인과 공동체의 결정에 정보를 제공하기 위해 사용된다(ACSHE217).

과학 탐구 기능

· 지침에 따라 실제 문제가 무엇인지 명확히 하는 질문을 제기하거나 과학적인 연구를 알리고 연구의 발견들이 무엇인지 예측한다(ACSIS231).

· 지침에 따라 질문에 답하거나 문제를 풀기 위하여 적절한 탐구 방법을 계획한다(ACSIS086).

· 공정한 검사에서 변경해야 할 변수와 측정해야 할 변수를 결정한다. 그리고 적절한 디지털 기술을 사용해서 자료를 정확하게 관찰, 측정, 기록한다(ACSIS087).

· 잠재적 위험들을 확인하여 장비와 자료들을 안전하게 사용한다.

· 적절한 디지털 기술을 사용하여 자료 안에서 발견된 관찰, 유형, 관계들을 표현하고 묘사하는, 표와 그래프를 포함한 다양한 설명 자료를 만든다(ACSIS090).

· 질문을 탐구하거나 문제를 풀기 위해 사용된 방법들에 개선점들을 제안한다(ACSIS091).

· 다양한 종류의 텍스트를 포함한 다양한 방법으로 개념과 설명과 과정을 전달한다(ACSIS093).

영어 문해

· 다른 사람과 상호작용을 한다.

· 형식적, 비형식적 상황에서 펼쳐지는 (본문) 내용을 명확히 이해하고, 아이디어를 학생 자신의 경험과 연결하고, 관점을 제시하며 정당화한다(ACELY1699).

· 달리 표현하기, 질문하기, 비언어적 신호 해석하기 등과 같은 상호작용 기능을 사용한다. 다양한 청중과 목적에 적합한 어휘와 음성 효과를 선택한다(ACELY1796).

· 정확하고 순서가 정해진 내용과 다양한 양식을 통합하며 특정한 청중과 목적을 위한 프레젠테이션을 계획하고 연습하여 전달한다(ACELY1700).

· 텍스트를 만든다.

· 목적과 청중에 적합한 텍스트 구조, 언어의 특징, 이미지, 소리를 선택하여 창의적이고, 유용하며, 설득력 있는 인쇄물과 다양한 양식의 문서를 계획하고, 초안을 만들고, 출판한다(ACELY1704).

· 텍스트 구조와 언어적 특징에 대한 합의된 기준을 사용하여 자신과 동료의 작업 결과물을 다시 읽고 편집한다(ACELY1705).

예시 ④: **중등 지리** - 지형과 풍경 단원

1. 중심 주제

하나님이 창조세계를 만드시고, 우리도 창조물을 만든다.

2. 성경적 관점

시편은 "땅과 거기에 충만한 것과 세계와 그 가운데에 사는 자들은 다 여호와의 것이로다"(24:1)라고 말씀한다. 창세기 1, 2장과 성경 여러 곳에서 하나님이 지으신 광대한 우주에 대해 이야기한다. 하나님은 하나님의 형상이며 피조물의 최고봉인 인간에게 그 안에서 기쁨을 누리도록 이 창조세계를 주셨다. 창조세계는 단순히 태엽이 감긴 시계처럼 고정된 형태로 만들어지지 않았다. 전 지구적, 지역적, 지질구조적, 지형학적 변화에 따라 창조세계는 끊임없이 역동적으로 변화하고 있으며 사람들이 땅을 사용하고 변화시키는 것을 허용한다. 물리적 변화는 지구 표면 아래에서 작용하는 힘과 지표면 위의 날씨 변화에 따른 결과이다. 문화적 변화(혹은 인간이 만든 변화)는 환경을 사용하고, 형성하고, 변화시킨 인간 활동의 결과이다.

이 단원은 창조주 하나님이 우리가 풍성한 삶을 살도록 이 세상에 지형과 풍경을 제공하셨다는 이해의 틀이 잡혀 있다. 이 땅에서 인간이 환경을 사용하고 보살핌으로써 창조주 하나님께 반응할 수 있으며, 이것은 창조주에 대한 찬양이 될 수 있다. 하나님이 목적을 가지고 세상을 창조하셨기 때문에 인간은 하나님이 창조세계에 두신 잠재성을 펼쳐갈 수 있다. 우리는 하나님께서 창조세계의 보존자로서 인생에 친밀하게 관여하시고 함께하심을 인정한다. 하나님은 도전과 위협이라는 2가지 방식을 통해서 자기 백성을 존속하게 하신다.

이 단원에서 우리는 다양한 형태의 풍경과 각각의 독특한 특징이 가진 가치와 하나님이 그런 풍경을 형성하도록 하신 힘이 무엇인지를 살펴볼 것이다. 또한 인간의 불순종에 따른 훼손, 즉 지형학적 위험과 인간이 만든 파괴와 그 영향들로 인해 신음하는 창조세계를 주목할 것이다. 환경과 인간에게 영향을 끼치는 이런 도전들에 대하여 인간이 어떻게

반응할 것인지에 대한 질문이 많이 제기된다. 여전히 창조세계가 하나님의 선하심과 통치를 지속적으로 반영한다고 할지라도, 땅이 완전한 구속을 기다리기까지는 계속되는 파괴의 영향을 숨길 수 없다.

이 단원에서는 아름답지만 타락한 창조세계에 대한 경이와 공포를 탐구한다. 우리는 창조세계의 파괴와 부패 속에서, 처참한 자연적 재앙에서, 테러와 위험한 장소에서, 자연을 보호하지 않는 인간의 선택과 그 변화에 따른 파괴적 결과들에서, 땅을 '겁탈하고 약탈하는' 인간의 행위들에서, 하나님과 세상에 대한 자신의 관계를 순종하는 청지기로 보지 않는 사람들에게서 창조세계에 드리워진 타락의 결과를 살펴볼 것이다.

이에 대한 응답으로 우리는 우리를 향한 하나님의 바람을 이해하며, 새 창조는 죄에 대한 예수님의 승리를 통해 확립된 온전한 창조세계임을 알게 된다. 우리는 우리를 돌보아 주는 환경을 책임 있게 돌보는 것이 하나님의 의도임을 안다. 모든 자원은 우리의 창조자이시며 구속자이신 하나님의 것이며 우리는 그것들을 지혜롭고 신실한 청지기로서 사용해야 한다. 우리는 '그 동산'을 존중하고 돌보고 양육하며 회복시키는 관리인으로서 하나님의 창조세계에 신실하게 관여할 수 있다. 하나님과 그분의 창조세계에 대한 우리의 반응은 우리와 하나님과의 관계를 반영한다. 하나님께서는 창조세계를 만드시고 유지하시듯 구속 사역을 통해서 우리 인생도 유지하고 만들어 가신다. 우리는 신실한 청지기로서 그분의 소유인 이 세상의 잠재 가능성을 개발해야 한다. 우리가 살고 있는 곳의 지리적 상황에 대한 우리의 영향력은 무엇인가? 자연 환경을 신실하게 발전시키고 아름답게 보존하기 위해 우리가 할 일은 무엇인가?

3. 제자도 반응

창조세계 숙고하기: 장엄한 자연과 지형, 인간과 그 자연의 관련성을 보며 학생들은 창조주와 그분의 작품인 피조물을 숙고한다.

세상 돌보기: 자신이 사는 지역을 보호하고 개발하기를 기대하면서 창조세계의 청지기가 되라는 하나님의 소명에 실제적인 방법으로 반응한다.

왜곡에 도전하기: 죄의 영향을 받은 영역을 발견하고 비판한다. 지역의 지리적 환경을 올바르고 지속 가능하게 다루기 원하시는 하나님의 목적을 분별한다.

4. 영속적 이해

학생들은,

· 경이로우면서 아름답고, 장엄한 하나님의 작품인 창조세계에서 하나님이 자신을 어떻게 계시하시는지 성찰한다.

· 지역의 지형과 풍경을 유지하고 보호 및 강화하도록 영감을 받는다.

· 지역과 거기 거주하는 사람에 따라 달라지는 문화적, 영적 가치를 비교한다.

· 물리적, 환경적 상황이 삶의 선택에 어떻게 영향을 미치는지 고려한다.

· 풍경과 지형을 형성하는 물리적, 문화적 요인들을 살펴본다.

오해

· 창조 질서는 아름답고 순응적이다.

· 창조 질서는 뒤죽박죽이고 목적이 없다.

· 모든 인간의 환경 이용은 결과적으로 환경을 퇴보시킨다.

· 인간은 중요하지만 창조 질서는 그렇지 않다.

5. 본질적 질문

· 인간의 거주지는 생활 방식에 어떤 영향을 미치는가?

· 우리가 살고 있는 지역의 지리적 환경에 우리가 끼치는 영향은 무엇인가?

· 자연과 지형은 인간에 대한 하나님의 공급하심에 대해 우리에게 무엇을 말해 주는가?

· 지형학적 힘은 지구를 파괴하는가, 아니면 아름답게 하는가?

· 자연환경을 신실하게 발전시키고 아름답게 보존하는 데 우리가 할 수 있는 일은 무엇인가?

6A. 지식

학생들은,

· 다양한 유형의 풍경과 독특한 지형적 특징을 안다.

· 지형학적 힘이 풍경과 지세에 지속적으로 영향을 끼친다는 것을 안다.

· 내적, 외적 힘이 풍경과 지형을 형성한다는 것을 안다.

· 원주민은 풍경과 지형의 기원에 대한 대안적인 '이야기'를 가지고 있다는 것을 안다.

· 인간이 지리적 환경을 퇴보시키는 원인이 되거나 영향을 미친다는 것을 안다.

· 지역 주변의 공간적 분포와 패턴을 알고 분포 패턴 간의 연관성을 안다.

6B. 기능

학생들은,

· 2차 자료에 나와 있는 해석을 비판적으로 성찰한다.

· 풍경과 지형의 변화, 발달의 증거 혹은 퇴보의 증거를 찾기 위해 현지 조사를 한다.

· 유형을 보여 주는 정확한 현장 스케치를 한다.

· 조사 기술(질문 정의하기, 정보의 위치 찾기, 지형학적 문제를 발견하고 분석 및 종합하여 발표하기)을 사용한다.

· 위험한 지형학적 활동 사례를 탐구하고, 그 위험에 대비하는 조치를 제안한다.

· 사례를 보여 주는 정확한 지도를 만든다.

7. 국가 교육과정

지리학 지식과 이해

· 풍경의 다양한 유형과 지역적 지형의 특징(ACHGK048)

· 원주민과 토레스 해협 섬 사람들을 포함하여, 사람들을 위한 풍경과 지형의 미적, 문화적, 영적 가치(ACHGK049)

· 최소한 한 지형의 사례 연구를 포함하여, 지형을 형성하는 지형학적 과정들(ACHGK050)

· 지형적 환경의 악화에 대한 인간적 원인과 그 결과들(ACHGK051)

· 중요한 풍경을 보호하는 방법들(ACHGK052)

· 지형적 위험에 대한 원인과 영향, 반응들(ACHGK053)

지리학 탐구와 기능

· 지리학적으로 중요한 질문들을 개발하고, 적절한 지리학적 방법론과 개념들을 사용하여 조사 계획을 세운다(ACHGS055).

· 적절한 1, 2차 자료에서 윤리적 프로토콜을 사용해서 관련된 지리학적 자료와 정보를 수집하여 선택하고 기록한다(ACHGS056).

· 자료의 타당성과 유용성을 평가한다. 적당한 형태로, 예를 들면, 기후 그래프, 종합 기둥 그래프, 인구 피라미드, 표, 현장 스케치와 주석 다이어그램, 디지털과 공간적 기술을 사용하거나 사용하지 않는 형태로 자료를 나타낸다(ACHGS057).

· 적절한 공간적 기술을 사용해서, 지도 제작 관례를 따르는 다양한 축척으로 적절한 지도들을 만들어 지리학적 현상의 공간적 분포를 나타낸다(ACHGS058).

· 질적, 양적 방법, 적절한 디지털 및 공간 기술을 사용하여 지리 데이터와 기타 정보를 분석하여 공간에 대한 설명을 식별하고 제안한다.

· 수집된 분포, 패턴, 경향 및 관계 추론 자료와 정보의 분석을 기반으로 지리적 개념을 적용하여 결론을 도출한다(ACHGS059).

· 지리적 용어와 적절한 디지털 기술들을 사용하여 특정 청중과 목적에 맞도록 채택된 다양한 소통 방식으로 발견과 논쟁, 아이디어를 제시한다(ACHGS061).

· 환경적, 경제적, 사회적 사항들을 고려하면서, 현대의 지리학적 도전에 대응하는 개인적이고 집단적인 행동을 제안하는 그들의 학습을 성찰하고, 제안의 결과를 예측한다(ACHGS062).

예시 ⑤: **9학년 역사 근대세계의 형성** – 산업혁명 단원

1. 중심 주제

혁신과 진보는 광범위한 변화를 이끌어 낸다. 그 결과는 대부분 좋지만 일부는 나쁠 수도 있다.

2. 성경적 관점

하나님은 인간을 혁신의 욕구를 지닌 하나님의 형상으로 창조하셨다. 우리는 이것을 수공업 생산 방식에서 새로운 기계와 증기 동력을 통한 대량 생산 방식으로 전환하여 탁월한 성과를 낸 산업혁명의 기술적 진보에서 볼 수 있다. 산업혁명은 가장 중요한 역사적 전환점 중 하나이다. 일상생활과 사회의 거의 모든 국면에 충격적인 변화를 가져왔기에 '혁명'이라는 단어를 쓰는 것은 매우 적절하다. 산업혁명 이후 생활 방식과 일하는 방식, 사상이 급격하게 변했다.

하나님이 선천적으로 주신 혁신의 욕구와 필요는 1760-1840년 사이의 산업혁명기에 영국에서 시작하여 세계로 퍼져 나가면서 그 전성기를 구가했다. 하나님께서 주신 지성과 실험 욕구, 문제에 대한 새로운 해결책을 모색하는 능력은 인류와 사회에 막대한 이익을 가져왔고, 삶을 크게 변화시켰다. 산업의 발전은 지속적인 경제 성장을 이루었다. 평균 소득과 인구가 눈에 띄게 증가했으며, 대중의 생활수준이 향상되었다. 근대 자본주의 경제가 탄생했고 새로운 중산층이 급성장하면서 혁신적인 제조업을 자극하고 거기에 투자했다. 특히 많은 공장과 광산의 열악했던 노동 조건은 시간이 지나면서 점차 개선되었다. 농업 생산 발전으로 만성적인 기아와 영양실조가 완화되었다. 영양, 위생, 공중 보건, 주택 건설의 개선으로 평균 기대 수명이 크게 늘어났다. 신문의 발행과 도서의 대량 출판은 문자 해득률과 교육 기회를 증가시켰고, 대중의 정치 참여를 실현했다.

그러나 산업혁명의 결과가 유익하기만 한 것은 아니었다. 죄의 영향과 자기 이익 추구로 인해 산업혁명의 유익이 훼손되었다. 사람들이 자신의 사업과 일, 투자와 혁신, 여러 사회적, 경제적 활동에서 하나님을 섬기지 않을 때, 왜곡과 역기능이 발생했다. 많은 공장 소유주들이 가혹한 고용 제도를 채택했다. 수공업보다 베틀 직기로 의복을 생산하는 것이 더 저렴하고 효율적이었기 때문에 도시에는 실업이 만연했고, (신기술 반대론자인) 노동자들이 이 직조 기계를 파괴했다. 선은 극심한 고통 가운데 나타나기도 한다. 폭동의 결과로 1800년대 초, 부당한 처우를 받는 노동자들의 이익을 대변하는 노동조합이 출현했고, 노동 조건 개선을 위해 아동노동법이 만들어졌다. 급격한 대규모 도시화가 사회적 혼란과 대변동을 초래했다.

생활수준의 향상, 생활 방식의 개선, 삶의 문제를 해결하는 능력에 대해 더 커진 자신감은 사람들의 세계관에 큰 변화를 초래했다. 산업혁명 이전의 종교적 관점은 미신과 인간의 운명에 대한 숙명과 체념으로 가득 차 있었다. 산업혁명 이후 종교적 관점은 더 적극적이고 결정적이며 견고해졌다. 산업혁명에 따른 개선과 긍정적인 전망은 서로를 연쇄적으로 강화시켰다. 그렇지만 사람들의 이기적인 성향이 심해지면서 능력과 부, 혹은 물질적 소유를 더 중요한 가치로 여기게 되었다. 산업혁명 결과로 촉진된 과도한 물질주의와 소비지향적인 사회는 지금도 광범위하게 부정적인 영향력을 행사하고 있다.

산업혁명의 이로운 결과와 해로운 결과 사이의 분명한 대조는 학생들에게 모든 진보가 본질적으로 선한지의 여부와 관련하여 대답하기 어려운 질문을 하게 만든다. 타락한 세상을 구원하는 대리인으로 부름 받은 소명은 우리에게 각각의 변화가 궁극적으로 갱신을 가져오는지의 여부를 분별할 것과 지혜로울 것을 요구한다. 하나님과 창조세계에 대한 그분의 뜻에 가깝게 이끄는지, 아니면 멀어지게 하는지를 묻는 것은 이 단원에서 묻기 좋은 질문이다.

3. 제자도 반응

문화 형성하기: 현대사회가 과거로부터 어떻게 형성되었는지를 이해하고, 그 오류와 덕목을 분간할 수 있다. 또한 어떻게 현재 이 사회의 변화를 위한 대리인이 될 수 있는지와 스스로를 섬기는 과도한 물질주의적인 사회에서 어떻게 살아갈지를 탐구한다.

왜곡에 맞서기: 도시화와 통제되지 않는 경제적 성장과 물질주의의 원인, 결과를 탐구한다.

혁신 상상하기: 혁신이 사회에 가져오는 변화의 결과에 주의하면서 그들이 가진 혁신과 창조의 능력을 성찰한다.

4. 영속적 이해

학생들은,

· 시대가 달라짐에 따라 사상이 어떻게 변하는지 분석한다.

· 전 세계적으로 계속되는 산업화의 결과로 발생하는 사회 변화의 영역을 인식한다.

· 산업혁명이 현대의 생활 방식(경제적, 사회적, 정치적 등)에 어떤 영향을 끼쳤는지를 성찰한다.

· 사회 변화의 대리인이 되도록 영감을 받는다.

· 산업화의 부정적인 결과에 휘말린 사람들에게 공감한다.

오해

· 진보는 항상 선하다.

· 인간의 독창성과 혁신이 모든 문제를 해결한다.

5. 본질적 질문

· 혁신을 선하게(혹은 나쁘게) 만드는 것은 무엇인가?

· 우리가 할 수 있는 일이라고 해서 그것을 꼭 해야만 하는가?

· 기술적인 변화는 언제나, 그리고 궁극적으로 사회에 이득이 되는가?

· 만일 산업혁명이 발생하지 않았다면, 대부분의 사람이 여전히 농업에 종사하고 있을까?

· 신앙은 어떻게 우리에게 혁신의 동기를 부여하고, 사회 변화에 영감을 주는가?

6A. 지식

학생들은,

· 진보의 긍정적, 부정적 결과를 안다.

· 산업혁명이 끼친 장단기 영향(교통, 풍경, 도시의 모습, 통신의 전 지구적 변화)을 안다.

· 산업혁명이 그 시기 사람들의 일상 경험에 끼친 영향을 안다.

· 산업혁명 시기의 인구 이동과 정착의 변화를 안다.

· 소비주의는 산업혁명의 부산물임을 안다.

· 산업혁명에서 나온 주요한 발명품/발명가를 안다.

6B. 기능

학생들은,

· 역사적, 신학적 전망을 비판한다.

· 자신만의 여러 다양한 탐구 질문을 만든다.

· 사건의 원인과 결과를 설명하기 위해 사건을 시간적 순서로 배열한다.

· 1, 2차 자료를 효과적이면서도 규정된 방식으로 정확하게 사용한다.

· 역사적 자료의 유용성과 신뢰성을 평가한다.

7. 국가 교육과정

역사적 지식

· 산업혁명을 이끈 기술 혁신과 영국(영국의 경우 농업혁명, 원자재에 대한 접근성, 부유한 중산층, 값싼 노동력, 교통체계, 제국 세력의 확장)과 호주의 산업화에 영향을 끼친 다른 요인들(ACDSEH017)

· 이 시기의 인구 이동과 정착 유형의 변화(ACDSEH080)

· 산업혁명기에 사람들의 경험과 생활 방식의 변화(ACDSEH081)

· 도시의 모습, 교통, 통신에서의 전 지구적 변화를 포함한 산업혁명의 장단기 영향(ACDSEH082)

역사적 기능

· 다양한 시기와 장소에서 일어난 사건과 발달 간의 관계를 보여 주는 사건들을 시간적 순서로 배열하기(ACHHS164)

· 역사적 탐구를 위해 과거에 대한 다양한 종류의 질문을 식별하고 선택하기(ACHHS166)

· 이런 질문들을 평가하고 향상시키기(ACHHS167)

· 1, 2차 자료들의 신뢰성과 유용성을 평가하기(ACHHS171)

· 다양한 역사적 해석(그들 자신의 해석을 포함하여)을 식별하고 분석하기(ACHHS173)

· 과거 사람들의 관점을 식별하고 분석하기(ACHHS172)

예시 ⑥: **10학년 영어** - 마자르이샤리프(MAZAR-E-SHARIF)의 양탄자를 만드는 사람 단원

1. 중심 주제

우리와는 전혀 다른 열악한 장소와 환경에 있는 사람들을 이해하고 반응하기

2. 성경적 관점

하나님은 기록된 말씀과 창조세계, 그리고 가장 완전하게는 성자 예수 그리스도를 통하여 계시하신다. 이런 계시된 하나님의 이야기 안에서 우리의 자리와 하나님과 우리의 관계, 그리고 우리가 하나님의 사랑과 용서와 인도를 받고자 하는지의 여부를 알아야 한다. 만일 우리가 하나님의 사랑에 반응하며 살고자 한다면, 그것은 곧 모든 일 가운데 정의, 자비, 연민을 위해 노력하라는 하나님의 부르심과 그분의 방식을 따르는 것을 의미한다. 이것이 문학 작품 The Rugmaker of Mazar-e-Sharif(마자르이샤리프의 양탄자를 만드는 사람)의 학습을 통해 들려주고자 하는 것이다.

의사소통과 언어 사용 능력은 인간이 하나님의 형상임을 반영한다. 우리는 하나님을 섬기고 이웃에게 봉사하며 자신의 성장을 위해 이런 재능을 바르게 사용할 책임이 있다. 영어 학습에서 배운 기술은 학생들이 학교 교육과정에 있는 모든 학습 영역에 생산적으로 참여하도록 만들어 공동체와 사회에 의미 있게 기여할 수 있게 한다.

영어 학습을 통해 학생들은 비판적 사고와 창의성을 개발하고, 미묘한 개념들을 탐구할 수 있다.

또한 영어 학습을 통해 문화 탐구, 문화 비평을 할 수 있게 된다. 영어는 시대와 장소, 문화가 다른 사람들을 이해하고 그들에게 공감할 수 있게 해주어 학생들이 창조세계에 참여할 기회를 갖게 한다. 영어는 학생들이 신앙과 삶의 모든 영역에서 관점을 확장하고 분별력을 기르고 윤리적인 결정을 내리는 데 도움을 준다. 문학 공부를 통해 학생들은 그들 안에 작동하는 세계관을 자각하며, 세상과 사회적 관계 이해를 위한 대안적 방법도 깊이 살펴볼 수 있다. 학생들은 "양탄자를 만드는 사람" 단원을 학습하면서 이슬람과 기독교, 아프가니스탄 문화와 호주/서구 문화, 전통과 신앙을 잘 대조할 수 있게 되어, 자기 문화를 이해하고 재평가하며, 신앙 체계를 개선하는 데도 도움을 받을 수 있다.

교사들은 사회정의, 다문화 공동체와 이민, 전쟁과 그로 인한 난민과 같은 비판적이며 현대적인 주제들을 접할 수 있는 시의적절한 본문들을 선택할 책임이 있다. 멜버른에 거주하는 아프가니스탄 난민의 전기 작품인 The Rugmaker of Mazar-e-Sharif 본문에는 이슬람과 난민에 관한 중요한 문제가 담겨 있다. 소련-아프가니스탄 전쟁과 그 후 탈레반 통치 기간 동안 아프가니스탄에서 살던 한 남성, 나자프 마자리에 관한 진실한 이야기는 그가 고문당하고, 조국을 떠나 안전한 곳으로 가기 위해 밀입국 알선자들에게 돈을 주는 내용을 담고 있다. 그는 물이 새는 배를 타고 마침내 애시모어 리프 섬에 상륙한 후, 우메라 보호센터로 가는 보트에서 난민 신청을 한다.

문학작품의 위대성은 문학이 사람들에게 바람직한 사회적 책임감을 형성하는 강력한 수단이 된다는 점에 있다. 사회적 책임감이란 학생들에게 사회적 문제에 대한 지적 호기심을 불러일으켜서 사회적 주제를 이해하고 비판하며, 사회에 관심을 가지고 돌보는 마음을 개발하는 것이다. The Rugmaker of Mazar-e-Sharif와 같은 문학작품은 학생들에게 도덕적 딜레마를 해결하도록 도전할 수 있다. 테러와 전쟁 같은 죄에 의해 세상은 오염되고 망가졌다. 그래서 우리는 이런 도덕적 딜레마를 해결하기 위해 분투하고 노력한다. 난민들은 안전한 피난처를 찾지 못하고 (호주인 같은) 구경꾼은 무엇을 해야 할지 모른다. 사회정의의 문제에 대한 인식과 이해가 강조됨에 따라 학생들은 불의를 더 많이 발견하며 과연 어떻게 반응해야 할지를 숙고하게 된다.

성경은 사회 문제의 넓이를 이해하고 그것이 가진 복잡성을 성경적으로 분별함으로써 사회적 불의에 반응할 것을 요구한다. 호주의 난민 상황은 성가시고 논쟁적인 이슈를 많이 포함하고 있어서 다루기가 쉽지는 않을 것이다. 호주 학생들은 어떻게 동정적이면서 정의로운 반응을 할 수 있을까? 외국인 체류자를 돌보라는 성경적 요구를 어떻게 감당할 수 있을까? 난민 문제를 일으키는 광범위한 지정학적 사정은 무엇인가? 정부나 주류 언론은 망명 신청자들을 어떻게 다루고 있는가? 난민에 대한 이해는 얼마나 순수하며 혹은 얼마나 편견에 치우쳐 있는가? 우리는 왜 피난처를 찾는 사람들에게 두려움(특히 무슬림들에 대한 공포)을 느끼는가? 그들 가운데 호주인에게 해를 끼치려는 난민도 있는가? 난민 문제란 단지 국경을 보호하는 문제인가? 불법으로 밀입국한 사람이 차례를 기다리던 진실한 난민 지원자보다 먼저 난민 심사를 받는 것이 공정한가? 이런 난민들의 어려움을 어떻게 처리해야 공정한 배려인가? 망명 신청자가 상륙하면 어떻게 처리해야 하는가? 난민 수용시설의 역할과 정당성은 무엇인가? 미성년 난민도 구금해야 하는가? 우리는 그들을 무엇이라고 불러야 하는가? 새치기하는 사람들, 불법 입국자들, (그들에게 부여된) 번호, 이방인, 난민, 망명 신청자, 보트 피플, 불법 체류자, 골칫거리……. 망명 신청자들에 대한 대우와 태도는 어떻게 해야 할까?

성경은 우리에게 공감과 연민으로 사회적 불의에 반응하라고 도전한다. The Rugmaker of Mazar-e-Sharif는 이야기에 몰입하게 만드는 그림으로 된 자서전적 이야기이다. 자서전을 읽는 학생들은 주인공 마자리가 겪는 역경에 대체로 공감한다. 그가 처했던 역경은 조국과 가족을 뒤에 남겨두고 어디로 가는지, 누구를 의지해야 하는지도 알지 못한 채, 밀입국 알선자의 손과 곧 부서질 것 같은 보트에 자신의 목숨을 맡기고, 억압 받는 소수자(하자라 부족)로서 이해 받지 못하는 것이었다.

3. 제자도 반응

자비 베풀기: 조국을 떠날 수밖에 없는 난민과 같은 타자들을 자비롭게 대함으로써 하나님의 자비하심에 반응한다.

정의 추구하기: 불의를 이해하고 그것에 반응할 방법을 탐구함으로써 불의를 식별하고 불의에 반응한다.

언어로 표현하기: 의견을 형성하고 개념을 명확히 하며 관점을 개발하기 위해 말을 사용한다.

4. 영속적 이해

학생들은,

· 망명 신청자가 처한 상황에 대한 성경적 반응이 무엇인지 고려한다.

· 망명 신청자에 대한 호주의 과거와 현재의 반응을 고려한다.

· 소수자 단체의 불의에 어떻게 반응할지 영감을 받는다.

· 망명 신청자의 상황에 대한 관점을 성찰하고 정교화한다.

· 난민협약에 대한 호주의 접근 방식과 망명 신청자가 난민으로 인정 받는 과정을 비판한다.

오해

· 망명 신청자들에 대해 고정관념을 가지거나 정형화된 관점으로 본다.

· 망명 신청자들은 차례를 지키지 않고 밀입국 알선책에게 돈을 쓸 여유가 있는 새치기들이다.

· 모든 무슬림은 호주인의 생활 방식에 위협을 가한다.

5. 본질적 질문

· 무엇이 난민을 만드는가?

· 모든 난민에게 호주 입국을 허용해야 하는가?

· 망명 신청자에 대한 학생들의 태도는 어디에서 오는가?

· 호주에 불법 입국한 사람들도 호의적인 혜택을 받을 권리가 있는가?

심층 질문

· 난민의 실제적 경험에 대한 설명을 학습한 후에 망명 신청자에 대한 이해가 변했는가?

· 마자리는 불의의 희생자인가? 우리는 그 불의의 희생에 어떻게 반응하는가?

· 호주를 위한 법적 의무와 도덕적 의무 사이에 차이점이 있는가?

· 국가는 문제를 잠시 다른 곳으로 옮겨놓기보다는 해결책을 찾아야 하지 않는가?

· 구금 센터는 얼마나 타당한 것인가?

· 의무적인 구금 상태로 있는 망명 신청자들은 무엇과 같은가?

· 임시 보호 비자는 국제 난민 협약 위반인가?

6A. 지식

학생들은,

· 난민이 누구이며, 그들이 왜 망명하려고 하는지 안다.

· 아프가니스탄 역사에서 최근 사건, 즉 전쟁의 배경과 탈레반의 발흥에 대해 안다.

· 최근 아프가니스탄의 역사적 사건이 민간인에게 어떤 식으로 영향을 주는지 안다.

· 탈레반이 하자라족에게, 특히 마자리에게 저질렀던 일을 안다.

· 전쟁으로 피폐해진 나라의 국민이 겪는 실상을 안다.

· 아프가니스탄 국민과 호주 국민 사이의 유사점과 차이점을 안다.

6B. 기능

학생들은,

· 에세이를 쓸 수 있는 기술을 개발한다.

· 다양한 관점, 태도, 전망을 설명한다.

· 본문에 대한 자신의 해석을 개발하고 정당화한다.

· 다른 해석을 지지하기 위해 사용된 증거를 분석하여 그 해석을 평가한다.

· 다른 작가들이 본문 구조를 혁신적으로 사용하는 방법을 평가한다.

· 특별한 효과를 얻기 위해 텍스트 속에 들어 있는 특징을 조작하는 방법에 주의를 기울인다.

· 호주에서 피난처를 구하는 망명 신청자에 대한 관점을 명확하게 한다.

7. 국가 교육과정

언어

· 다양한 목적과 대상, 관점, 문체 효과에 맞게 단락과 이미지를 배열하는 방법을 이해한다(ACELA1567).

· 정지 사진과 동영상 표현에서 다양한 선택이 청중에게 미치는 영향을 평가한다(ACELA1572).

· 청중에 대한 효과에 주의하면서 의미의 미묘한 차이를 식별하기 위해 세련된 어휘를 선택한다(ACELA1571).

· 텍스트 구조, 언어적 특징과 시각적 특징, 텍스트가 경험되는 맥락이 청중의 반응에 어떤 영향을 미칠 수 있는지 분석하고 설명한다 (ACELT1641).

· 본문에 나타난 사회적, 도덕적, 윤리적 입장을 평가한다(ACELT1812).

· 내러티브의 관점, 구조, 특성화, 비유, 풍자를 포함한 장치가 어떻게 본문에 대한 다양한 해석과 반응을 형성하는지 식별하고, 설명하고, 토론한다(ACELT1642).

읽기와 쓰기

· 언어와 구조적, 시각적 선택을 통해 사람과 문화, 장소, 사건, 사물, 개념이 미디어 텍스트를 포함한 본문에서 어떻게 표현되는지 분석하고 평가한다(ACELY1749).

· 다양한 본문 구조와 음성 텍스트가 가진 언어적 특징의 목적과 효과를 식별하고 탐구하며, 이 지식을 정보를 제공하고 설득하고 참여시키는 목적을 가진 텍스트로 만들기 위해 사용한다(ACELY1750).

· 적절한 내용과 일련의 행동에 영향을 주는 다양한 복합 요소를 선택, 배열하여 프레젠테이션을 계획하고 연습하며 전달한다(ACELY1751).

· 내재된 관점을 식별하고, 분석하며, 지지하는 증거들을 평가하여, 본문 간 및 본문 내에 있는 정보를 비교하고 대조하기 위한 이해 전략들을 사용한다(ACELY1754).

예시 ⑦: **12학년 심화 수학** – 핵심(자료 분석) 단원

1. 중심 주제

측정과 통계는 복잡한 정보를 이해하고 패턴을 발견하도록 도울 수 있다. 그러나 그것들이 결코 완전한 그림을 제공해 주는 것은 아니다.

2. 성경적 관점

하나님은 우리가 서로를 돌보고 재능을 사용해서 하나님의 모든 선한 창조세계의 책임 있는 관리자가 되도록 창조하셨다. 통계는 우리가 복잡한 상황을 잘 이해하고, 정보가 혁신적인 해결책을 요구하는지, 아니면 기존의 실천에 약간의 변화를 요구하는지를 결정하는 데 일정한 역할을 한다. 자료의 발견과 분석을 통해 우리는 심층 조사할 가치가 있는 경향과 패턴이 있는지를 결정할 수 있다. 다른 사람들에게 우리가 발견한 것을 제시할 때, 탐구 결과를 놓고 소통하는 일에 신실해야 한다.

우리의 입장을 더 강조하기 위해 그래프를 조작하거나 또 우리가 선호하는 것을 결정하게 하려고 속이려는 유혹을 받을 수 있다. 이것은 그리스도를 따르는 것이 아니다. 통계와 그래프를 주의 깊게 사용하면 문제/상황에 대한 통찰력을 얻을 수 있고 추세와 패턴을 이해할 수 있지만, 그것이 결코 문제/상황에 대한 완전한 그림을 제공하지는 않는다.

이런 이유로 그것들은 더 큰 상황에 대한 통찰을 제공하는 요소 중 단지 하나의 요소로 작용해야 한다.

통계는 의료, 과학, 기술, 일기 예보, 사업, 스포츠, 심리학, 교육학, 사회학, 엔지니어링, 산업과 정부 등 사회의 모든 국면에서 널리 이용된다. 더 구체적으로 통계는 피부암과 위도(태양의 세기 강도)의 관련성, 임신 여성의 독일 홍역 감염과 장애 아동 출산의 관련성, 바닷물의 평균 기온이 올라가는 경향이 세계 기후, 해수면 높이, 해발고도가 낮은 나라의 인간 개발과 거주에 끼치는 영향을 결정할 때 사용된다. 학생들은 통계 자료와 결과 사이의 연관성에 대한 많은 사례를 살펴보고 이것이 공정하게 잘 입증되었는지를 확인할 수 있다. 통계 자료에 대한 비판과 분석은 자료의 수집 의도와 결과의 이면에 어떤 전제가 있는지에 대한 물음을 제기하게 할 수도 있다.

3. 제자도 반응

왜곡에 맞서기: 자료와 통계가 왜곡된 방법으로 사용되는 곳을 찾아서 비판한다. 나아가 그런 정보가 사용되는 적절하고 공정한 방법이 무엇인지 분별한다.

지혜 구하기: 계시 내용과 목적을 이해하고 분별하기 위해 깊이 연구한다. 이런 탐구의 복잡한 영역에 대해 하나님께로부터 오는 통찰을 구한다.

패턴 발견하기: 측정과 통계적 연구 안에서 하나님의 패턴과 설계를 탐구하고, 발견하고, 기뻐한다. 그리고 이런 것들이 인류에 도움이 될 수 있는 방법을 찾는다.

4. 영속적 이해

학생들은,

· 수치 데이터를 사용할 때 드러나는 '앎의 방식'을 비판한다.

· 자료는 쉽게 조작될 수 있기 때문에 자료를 제시하는 방법에 주의를 기울여야 한다는 것을 이해한다.

· 잘 제시된 자료가 영향력을 행사하고 유용한 계획을 세우는 데 활용될 수 있는 방법을 식별한다.

· 통계는 오류가 있을 수 있다는 것을 이해한다.

5. 본질적 질문

· 통계 그래프가 보여 주는 정보를 토대로 인간 생활에 영향을 주는 결정을 내려야 하는가?

· 사회에서 통계가 남용되고 있는가?

· 그래프에 대한 연구에서 해석은 어떤 역할을 하는가?

6A. 지식

학생들은,

· 통계 용어를 이해한다.

· 중심/산포/모양을 이해한다.

· 자료를 범주형/수치형으로 정의할 수 있다.

· 막대그래프, 분할 막대 차트, 히스토그램 줄기와 잎 그림 도표로 표시하는 방법을 안다.

· 표본과 모집단 간의 차이를 안다.

· 최소자승법과 삼중선(three median line)을 이용한 선형회귀를 안다.

· 잔차도(residual plots)를 안다.

· 시계열(time series)을 안다.

6B. 기능

학생들은,

· 그래픽 계산기를 사용하여 무작위 샘플을 결정할 수 있다.

· 세부 사항에 유의하며 정확하게 손으로 선 그래프를 그릴 수 있다.

· 그래프를 해석할 수 있다.

· 보고서를 작성할 수 있다.

· 자료 조사에 개념을 적용할 수 있다.

· 실험 검증을 실천할 수 있다.

· 그래프가 조작을 위해 사용되는지 분석할 수 있다.

· 그래프 계산기를 능숙하게 사용할 수 있다.

7. 국가 교육과정

연구 영역: 자료 분석-결과 1

· 연구 영역의 내용에 명시된 핵심 용어와 개념을 정의하고 설명하며, 이 지식을 사용하여 관련된 수학적 절차를 적용하여 일상적인 응용 문제를 해결할 수 있다.

연구 영역: 자료 분석-결과 2

· 데이터 분석 연구 영역에서 개발된 수학적 개념과 기술을 사용해서 실제적이고 확장된 상황을 분석하고, 자료의 주요한 특징과 관련하여 이 분석 결과를 해석하고 토의할 수 있다.

연구 영역: 자료 분석-결과 3

· '데이터 분석'과 연구 '응용' 영역의 선택된 모듈의 문제 해결, 모델링 또는 조사 기법이나 조사 방법이 필요한 상황에서 수학적 개념(아이디어)을 개발하고, 결과를 생성하고, 분석을 수행하기 위한 기술을 선택하고 적절하게 사용할 수 있다.

· 이 단원은 빅토리아 주 교육과정에 한정된 것이지만, 다른 주나 지역에도 이와 동일한 단원이 있을 것이다.

이해 확정하기

이해를 평가하는 데 도움이 되는 다양한 모델이 있다. 모델을 선택하는 것은 확실히 학습 목표에 따라 결정할 일이다. **빅 픽처** **모델**은, 우수한 교수와 학습이 실천되려면 이해가 **지식과 기능**의 단순한 나열이 아니라, 그보다 훨씬 더 깊고 넓은 것이라는 사실을 인식하고 있어야 함을 시사한다.

이해 중심 교육과정 모델은 한 주제에 대한 종합적인 이해를 보장하며, 교사들에게 이해는 단지 핵심 지식을 아는 것 이상임을 깨닫도록 도움을 준다. 위긴스와 맥타이는 설명, 비평, 해석, 공감, 적용, 성찰이라는 6개의 영역에서 학습 활동과 평가 전략들을 경험/계획하는 것이 중요하다고 주장한다. 완전하고 성숙한 이해를 얻기 위해서는 이 영역들이 모두 필요하다.

설명하기

지식, 사건, 행위, 개념을 제공한다.

· 기준 – 정확한, 일관된, 정당화된, 체계적인, 예측 가능한
· 핵심 질문 – 그것은 왜 그러한가?, 어떻게 그것을 증명할 수 있는가?, 핵심 개념은 무엇인가?
· 학생들이 얻는 기회 – 묘사하기, 표현하기, 지시하기, 증명하기, 가르치기

비평하기

비판적 관점으로 본다. 빅 픽처를 본다.

· 기준 – 신뢰할 만한, 드러내 보여 주는, 통찰력 있는, 개연성 있는, 특이한
· 핵심 질문 – 누구의 관점인가?, 그것은 무엇에 관한 것인가?
· 학생들이 얻는 기회 – 분석하기, 논쟁하기, 비교하기, 대조하기, 비평하기

해석하기

사건과 개념을 개인적이고 이해하기 쉽게 만든다.

· 기준 – 의미 있는, 통찰력 있는, 중요한, 예시하는, 조명하는
· 핵심 질문 – 그것이 무슨 의미인가?, 그래서 이것이 나와, 그리고 우리와 어떤 관련이 있는가?, 그것은 인간 경험에 대하여 무엇을 말해 주는가?
· 학생들이 얻는 기회 – 비평하기, 평가하기, 판단하기, 이해하기, 행간 읽기(속뜻 알기)

공감하기

다른 사람/창조세계 안에서 가치를 발견한다. 민감하게 인식한다.

· 기준 – 민감한, 개방적인, 수용적인, 지각 있는, 재치 있는
· 핵심 질문 – 당신에게 그것은 어떻게 보이는가?, 그들의 입장에서는 어떨 것 같은가?, 나는 어떻게 느끼는가? 왜 그렇게 느끼는가?
· 학생들이 얻는 기회 – 믿기, 숙고하기, 닮아 가기, 마음 열기, 공감하기

적용하기

다양한 상황에 맞게 알고 있는 것을 사용하고 적용한다. 해결책을 찾는다. 적극적으로 반응한다.

· 기준 – 효과적이고 효율적이며, 유창하고, 적응력 있으며, 품위 있는
· 핵심 질문 – 이 지식, 기술, 과정을 어떻게 사용할 수 있는가?, 우리는 어떻게 도울 수 있는가?, 언제 어떻게 이것을 사용할 수 있는가?
· 학생들이 얻는 기회 – 적응하기, 창조하기, 고안하기, 발명하기, 전시하기, 실천하기, 제안하기, 해결하기

성찰하기

사상과 행동의 변혁을 추구한다. 사고와 이해를 자각한다. 성찰적으로 반응한다.

· 기준 - 자기 조정적, 자기 인식적, 성찰적, 지혜로운, 행동 지향적
· 핵심 질문 - 나는 어떻게 아는가?, 나는 왜 그렇게 생각하고 행동하는가?, ~에 대한 나의 관점은 무엇인가?
· 학생들이 얻는 기회 - 인식하기, 깨닫기, 인정하기, 성찰하기, 스스로 평가하기

:: 기독교 학교를 위한 프레리 협회(Prairie Association for Christian Schools)의 지침서 *Teaching for Transformation* 참고.

이해의 6개 국면을 사용하여 활동과 평가를 개발하는 과정을 보조하기 위해서 바퀴 모양의 계획표를 활용할 수 있다. 계획표 중심에 주제를 기록하고 각 영역마다 최종 결과를 표시한다. 사용 가능하고 다양한 평가 전략을 의식하면서 이러한 결과를 가장 잘 달성할 수 있는 학습 활동을 창의적으로 브레인스토밍 한다.

빅 픽처 이후의 단계들

어떤 교육과정 계획 템플릿은 평가 전략('학습 결과'라는 제목을 달기도 한다.)과 학습 활동을 포함한다. 평가 전략과 학습 활동은 교사에 의해 분명하게 표현되어야 하고 **빅 픽처**를 완성함으로써 틀이 잡힌 교육과정이 만들어진 이후에 이어질 단계이다. 개별 학교들이 각자의 실정에 맞게 그들만의 요소를 추가하는 것은 얼마든지 가능하다.

평가 전략들

영속적 이해와 평가 전략(혹은 평가 활동)이 동의어는 아니지만 이 둘 사이에는 밀접한 상관관계가 있다. 호주의 국가 교육과정이 개정되면서 학습 결과와 학생들이 배운 것을 증명하는 일에 있어서 교사들에게 더 많은 책임이 부과되었다.

빅 픽처 템플릿에서는 성취되길 바라는 이해, 지식, 기능의 여부를 측정할 수 있는 핵심 평가(key assessment)와 피드백 도구를 평가 항목에서 식별해야 한다. 교사들은 이해, 지식, 기능을 평가하고 강화하기 위해 다양한 평가 도구를 자유롭게 사용할 수 있어야 한다.

위긴스와 맥타이는 평가 활동이 학습 과정의 결론으로 간주될 것이 아니라, 학습 과정의 중심이 되어야 하고, 학습이 진행되는 중에 이루어져야 하며, 학습 활동이 선택되기 전에 반드시 미리 결정되어야 한다고 지적한다. 또한 교사들에게는 매일의 학습 계획에서 고려해야 할 중요한 정보를 제공하고, 학생들에게는 피드백 자료를 제공하는 형성평가 방법을 권장한다. 교사들은 교수 활동을 적절히 조정하기 위해 학생들의 이해를 어디서 어떻게 샘플링할지 분명히 해두어야 한다.

학습 활동들

빅 픽처 모델의 주요한 강조점은 교육과정의 세부적인 내용이 아니라 전체 교육과정을 개괄적으로 요약하는 틀을 작성하는 데 있다. 그러므로 이 모델은 학교나 교사들이 한 단원/주제에 포함된 학습활동 개요를 어떻게 만들 것인가를 제시하지 않는다. 각 학교나 교사는 자신들의 필요에 맞도록 자신만의 학습활동 항목을 설계할 수 있다. 학습활동 항목은 의도된 학습을 최대한 성취할 수 있도록 어떻게 학습 내용을 조직하고, 자원과 자료, 평가를 구조화하며, 그 단원 전체에 배열할 것인지를 명확히 할 것이다.

교실 수업(교수법)

안타깝게도 교육과정을 개발할 때, 교수법은 교육과정 설계표에서 제외되는 경우가 너무나 많다. 대부분의 교육과정 설계 작업은 내용과 성취 기준을 짜는 데 초점을 맞추고 있다. 교실에서 학급 운영과 가르침의 실천을 개발하는 일은 대부분 개별 교사의 몫으로 남겨진다. 그리스도인 교사가 교육과정을 개발할 수 있는 자유에는, 학습활동이 결정됨에 따라 거기에 알맞은 교수법을 선택하는 것도 포함되어야 한다. 그리스도인 교사는 교실이 신앙과 삶이 성장하는 활기 넘치는 장이 되게 하는 교수 전략을 개발할 기회를 가져야 한다.

Transformation by Design: The Big Picture

이웃을 위한

성경적 관점

이해를 위한 성경적 관점

성경 이야기에 비추어 단원 이해하기

서론

빅 픽처를 만드는 일에는 우리의 주제가 성경 이야기 중 어디와 연관 있는지, 그리고 성경 이야기가 우리의 주제 영역에 대해서 말하는 부분이 어디인지를 이해하는 일도 포함한다. 이 간단한 서론적 문장에는 의미가 담겨 있다. 그것은 결정적으로 중요한 신학적, 기독교 교육적 관점을 함축하고 있다. 성경 이야기 안에 우리의 주제를 위치시키는 것과 관련된 첫 번째 생각은, 이 세상이 하나님께 속해 있고 우리는 세상을 통합된 전체로 보아야 한다는 것을 인정하는 것이다. 그것은 하나님이 먼저 계시며, 우리의 과업은 그분이 창조세계와 인생에 두신 의미를 풀어내는 것임을 인정하는 것이다.

"성경 이야기에서 우리의 주제와 관련하여 말하는 곳은 어디인가?"라는 두 번째 질문도 필수적이다. 그러나 이 질문은 위험하다. 이 질문은 성경이 일부 주제에만 한정적으로 관련된 것으로 오해될 수 있다. 성경은 '**만물**'에 관한 이야기이기 때문에 모든 **만물**을 향해 말한다. 여기서 우리는 성경을 나중에 생각난 것으로 편리하게 갖다 붙이는 실수를 해서는 안 된다. 주제나 연구는 이미 하나님이 창조하신 실재 안에 존재하고 있으므로 특정 성경 구절을 연결해서 그 학습 주제나 내용을 거룩하게 만들 필요가 없다. 이것을 이해하면서 학습할 영역/주제와 특정한 관련성을 갖는 성경 내러티브의 구체적인 부분을 식별하는 것이 유용하다.

관점이 작용하는 방식

(대부분의 경우 질문이 무엇이든 간에 단 하나의 성경적 대답은 없는) 성경적 관점은 그리스도인 교사가 자신의 연구 영역이 계시와 학문의 더 넓은 세계 안에 어떻게 맞아 들어가는지에 대하여 생각하도록 만든다. **성경적 관점**은 전체 **빅 픽처**를 형성하는 데 결정적으로 중요한 부분이다.

성경적 관점이란 교육과정의 영역을 성경으로 정립된 관점으로 보기 위해 개발된 잘 다듬어진 진술이다. 이것은 한 팀을 이룬 교사들이 연구 영역을 구체적으로 설명하는 진술의 형태로 만들어지는 것이 좋다.

성경적 관점을 개발하는 일은 뛰어넘어야 할 장애물이 아니다. 성경적 관점이 지속적으로 수행하는 기능은 가르칠 단원/주제/영역을 기독교적 관점으로 설명하는 것이다. 그것은 호주의 국가 교육과정에 의해 제공되는 특정 항목이 만들어지기 이전에 창조세계 안에 이미 감추어져 있던 진리를 개현하는 것에 초점을 맞추도록 돕는다는 점에서 근본적이다. 많은 교사가 성경적 관점을 정리하는 것이 가장 어려운 단계라서 마지막까지 미룬다고 말하는데, 이것은 좋은 방법이 아니다.

우리가 사용하는 **성경적 관점**이라는 용어는 어떤 연구 분야에서도 그것을 통해 **만물**을 보는 것을 의미하는 것으로 사용한다는 점에 주의하는 것이 중요하다. 이것은 마치 우리가 성경이라는 안경을 착용하는 것과 같다. 그것은 임의로 선택하는 편향된 시각이나 견해를 의미하지 않는다.

여기에서 우리는 또한 **성경적 관점**의 틀이라는 용어를 사용한다. 왜냐하면 그것은 필수적인 이해(혹은 진리)의 패턴, 즉 보이는 실재 전체를 보는 방식이기 때문이다. 모든 교육자는 보는 방식, 즉 자신들의 독특한 관점 혹은 세계관을 인정해야 한다. 많은 교육자는 자신이 보는 방식이 중립적이거나 혹은 학습 자체가 중립적이라는 잘못된 주장을 한다. 그러나 그리스도인은 이런 관점을 배격한다. 왜냐하면 모든 학습은 기본적으로 섬기는 사람이나 사물에 대한 종교적 반응이기 때문이다.

성경적 관점이라는 용어의 의미가 어려워서 저자들은 이 용어를 사용하는 문제를 놓고 논쟁을 벌였다. 그 결과, 결국 이 용어를 그대로 사용하기로 했는데, 그 이유는 이 용어가 기독교 학교 안에서 이미 널리 사용되고 있기 때문이다.

이해를 위한 성경적 관점

성경적 관점의 힘

성경적 관점의 요점 :

• **성경적 관점**은 교육과정 문서 작성에서 가장 어려운 부분 중 하나이다. 사례를 찾고, 성경적 관점을 가진 작품을 공유하는 것은 성경적 관점을 개발하는 일을 지원하고 자극한다.

• '관점'이란 용어는 특정 안경으로 전체 단원을 보는 방식으로서 이해할 때 사용하기 좋은 말이다. 누구나 안경을 가지고 있다. 이것을 편향된 시각이나 견해로 표현하는 것은 적절하지 못하다.

• **성경적 관점**은 단원의 개발을 결정적으로 이루어 가는 핵심 '동력원' 중 하나이다.

• 이따금 **성경적 관점**은 단원 안의 적절한 지점에서 명확하게 드러나야 한다.

성경을 사용하는 방법

기독교 학교 운동은 기독교 학교에서 성경을 사용하는 것에 관한 주제를 언급하는 많은 자원을 가지고 있다. 성경을 오용하는 경우가 많으므로 분별력이 필요하다. 요약하자면, 이 모델의 저자들은 모든 기독교 교육자가 다음의 것들을 피하기를 권고한다. 증명 구절 제시하기, 단순한 역사 이야기로 읽기, 인과응보적인 도덕(token moral)으로 읽기 혹은 특정 구절을 조잡하게 적용하기, 직접적인 교과서로서 이용하기, 탈 맥락적인 교훈 도출하기, 단순하고 피상적인(그러므로 거짓된) 연결 같은 것 말이다. 창조―타락―구속―갱신의 틀이 가진 장점은 이런 성경의 오용을 방지해 준다는 것이다. 성경을 특정 시기와 상황 안에서 기록되어 전개되는 이야기로 이해한다면, 하나님의 타락한 백성을 회복시켜서 하나님과 사랑의 관계로 회복시키시기 위한 하나님의 영원한 은혜의 메시지로 이해한다면, 성경은 기독교 학교의 지침과 권위에 대한 메타 내러티브가 된다. 메타 내러티브란 초월적 진리를 바탕으로 모든 것을 포괄하는 총체적인 이야기이다. 그들은 이야기 너머의 이야기(즉, 일어난 모든 일을 설명하는 방식)를 본다. 이런 의미에서 메타 내러티브란 인생에 대한 관점 혹은 전망에 대한 거대한 설명이다.

성경 전체의 메시지

많은 기독교 교육자는 성경 전체의 이야기를 요약할 때 창조―타락―구속―갱신의 틀을 사용하는 것이 유용하다는 것을 알고 있다. 이 4개의 단어가 성경 전체의 이야기를 포착한다. 즉 세상은 선하고 즐길 수 있게 창조되었다. 그런데 삶과 세계의 모든 국면이 이제 죄의 영향 아래서 소외되었다. 그래서 하나님이 그리스도 안에서 **만물**을 회복시키시고 새 창조를 통해 하나님의 나라가 완전히 이루어지기까지 이끌어 가신다. 이것이 성경 계시의 기본적인 메시지다. 그리고 이것은 많은 주제를 살펴보는 유용한 틀/도구이다. **성경적 관점**을 설명하는 섹션의 마지막에 "우리 세상은 하나님의 것이다"라는 글이 성경적 믿음을 요약하는 신앙고백으로서 제공될 것이다.

비록 창조―타락―구속―갱신의 틀이 유용한 도구라고 할지라도 교사들은 반드시 성경 전체를 건강하게 이해해야 한다. 교사가 성경에 근거한 통찰과 관점을 적절하게 개발할 수 있는 유일한 방법은 성경 이야기에 익숙해지는 것이다. 교사들은 먼저 성경을 잘 읽고 배우는 학생이 되어야 한다.

이해를 위한 성경적 관점
창조―타락―구속―갱신의 도식 1

창조―타락―구속―갱신이 구체적으로 무엇을 의미하는지, 그리고 그것들이 교육과정을 형성하는 데 어떻게 사용되는지를 알아보자.

창조

성경 이야기는 우리에게 하나님이 만물을 창조하고 유지하신다고 말씀한다. 하나님은 생명을 주시고 만물을 통치하신다. 하나님은 인간을 하나님과 특별한 관계를 맺도록 창조하셨다. 그리고 인간에게 인간 삶의 방향을 설정하는 창조 명령을 주셨다. 창조세계는 선하다. 창조세계가 선하다는 것은 단지 물리학적, 생물학적 창조만이 아니라 하나님이 창조세계의 기본구조에 직조해 두신 문화적 가닥(cultural strand)에도 적용된다. 여기에서 핵심은 만물이 하나님이 의도하신 대로 존재해야 한다는 것이다.

타락

성경 이야기는 만물이 죄의 결과로 타락했으며 세상의 모든 국면과 부분이 악으로 왜곡되었다고 말한다. 타락의 결과는 고통, 고난, 파괴와 우상 숭배이다. 그러므로 만물, 인간의 삶, 문화가 우상 숭배에 의해 형성되고 왜곡되었다. 죄의 광범위한 영향은 명백하다. 그러나 하나님은 여전히 신실하시며 부패의 속박으로부터 해방을 약속하신다.

구속

성경 이야기는, 비록 인류는 죄에 빠졌지만 하나님은 성자의 희생을 통한 구속 계획을 가지고 계신다고 말한다. 그리스도는 죄로 인한 왜곡의 영향에서 창조세계를 회복하시고, 우리가 하나님이 의도하신 원래 설계와 목적대로 되돌아가게 하려고 이 땅에 오셨다. 죄의 권세는 만물을 붙들고 계시는 예수 그리스도의 구속 사역으로 해결되었다. 이제 우리는 구속된 백성으로서 앞을 바라보며 전체 창조세계의 회복에 참여한다.

갱신

성경 이야기는 우리가 그분의 창조세계를 돌보고 개발하는 원래의 명령을 완수하면서 오고 있는 완전한 회복의 빛 안에서 살도록 부름 받았다고 말한다. 또한 우리가 지금도 계속 진행 중인 하나님의 구속을 위해 일하라는 하나님의 초대에 응답하는 신실한 구속의 대리인이라고 말한다. 하나님은 계속해서 진행 중인 그분의 구속 사역에서 주권적이시다. 그리고 구속 받은 백성, 즉 갱신의 대리인으로서 그분의 사역에 동참하라고 우리를 부르신다. 우리는 그리스도께서 이루신 과거의 구속 사역과 현재에도 계속되고 있는 그분의 사역에 응답하여, 성령의 힘 있는 임재와 함께 만물의 완전한 회복을 향한 섬김과 동역의 삶을 통해 감사함으로 반응할 수 있다.

그리스도께서 다시 오시기 전까지 만물의 구속이 온전히 성취되는 때는 오지 않을 것이다. 기독교 학교의 과업 중 하나는 하나님의 세상을 구속하고 변혁하는 일과 하나님 나라의 도래를 가리키는 이정표를 세우는 일에 참여하도록 학생들을 초대하는 것이다.

"구속과 하나님 나라의 도래라는 성경 내러티브는 학교생활의 모든 측면에 영향을 미치고 모든 양상을 형성해 가는 이야기이다." _ 해리 버그라프

이해를 위한 성경적 관점
창조―타락―구속―갱신의 도식 2

다음은 창조―타락―구속―갱신의 마스터 템플릿을 사용하는 쉬운 예이다. 교사는 해당 단원에 대해 브레인스토밍을 하거나 핵심 질문에 대한 답을 생각하고 정리해서 성경적 관점에 대한 진술을 재구성할 수 있다. 단, 성경적 관점의 진술이 분절적이거나 브레인스토밍으로 도출된 요점을 파편적으로 나열한 상태에 그쳐서는 안 된다. 성경적 관점은 구조적이고 응집적이며 해독하기 쉬운 진술로 신중하게 작성해야 한다.

창조―타락―구속―갱신 도식	
창조 하나님이 만물을 창조하셨다. · 이 영역에 대한 하나님의 창조 의도는 무엇인가? · 하나님이 우주와 그 안에 있는 모든 만물의 창조주이심을 아는 우리는 이 단원의 주제가 무엇이라고 생각하는가? · 하나님은 왜 (이 영역을) 창조하셨는가? · 태초에 그것은 어떤 형태였는가? · (이 영역에 대한) 하나님의 목적은 무엇인가? · 인간은 이 창조세계에 어떻게 참여해 왔는가?	**타락** 죄의 결과로 만물이 타락했다. · (이 영역에 대한) 하나님의 의도가 어떻게 왜곡되어 왔는가? · 모든 창조세계가 타락한 점과 인간이 하나님의 계획을 망쳐 놓은 것(왜곡과 반역)을 고려하면서 이 단원의 주제에 대해 생각해 보라. · 인류 혹은 우리는 이 영역을 망가뜨리고 왜곡하며 오용하는 데 어떤 역할을 했는가? · 하나님의 원래 의도와는 대조적으로 이 영역에서 일어난 반역의 결과는 어떠한가?
구속 그리스도는 만물을 구속하기 위해 이 땅에 오셨다. · (이 영역에서) 깨어짐에 맞서면서 십자가는 무엇을 이루었는가? · 그리스도의 구속 행위가 창조세계의 회복을 위한 초석이 된다는 점을 고려하면서 이 단원의 주제를 생각하라. · 그리스도는 (이 영역을) 어떻게 구속하셨는가? · 십자가는 어떻게 하나님의 창조세계에서 이 부분에 대한 우리의 이해에 새 생명을 가져왔는가?	**갱신** 그리스도의 구속에 대한 반응으로, 우리는 만물을 새롭게 하는 일에 하나님의 동역자로 일하도록 부름 받았다. · 하나님의 백성은 (이 영역에) 갱신을 가져오는 일에 그리스도의 손과 발이 되고자 하는 소망을 어떻게 표현하는가? · 하나님의 갱신 계획에 동역할 수 있다는 것을 고려하여, 이 단원의 주제에 대해 생각해 보라. · 그리스도를 아는 우리는 현재 이 주제에 대해 어떤 희망을 경험할 수 있는가? · 이 영역에 대한 하나님의 원래 목적/설계를 의식하면서, 이 영역을 갱신하기 위해 어떤 행동을 할 수 있는가? · 이 영역에 대한 순종의 반응은 어떤 모습으로 드러나는가? · 도래하는 만물의 회복은 이 영역에 대한 우리의 사고방식에 어떤 영향을 미치는가?

이해를 위한 성경적 관점

주의하기

갱신

네 번째 용어의 사용에 관해서는 많은 논의가 있다. 우리는 갱신이라는 용어를 사용해 왔지만, 이 용어를 '구속'(파트 A와 파트 B), '계속 진행 중인 구속', '성취', '회복', '완성'과 같은 용어로도 바꾸어 사용할 수 있다. 특정 신학적 가정을 이해한다면 어떤 용어를 사용하든 중요하지 않다. 어떤 사람은 3개 용어(창조, 타락, 구속)만 사용하는 것을 선호한다. 이 때 '구속'은 그리스도의 구속 행위와, 그리스도의 죽으심과 부활이라는 기초 위에서 지금 여기서 진행 중인 구속 사역 모두를 포함한다. 그런 의미에서는 3개 용어를 사용하는 것이 좋다.

갱신이라는 용어를 사용할 때는 다음의 신학적 가정을 이해해야 한다.

- '구속'이라는 용어는 그리스도께서 성취하신 것을 강조하는 것이며, 이것은 그분의 백성이 반응하도록 도전하는 기초가 된다.

- '갱신'이라는 용어의 강조점은 구속의 최종 결과와 그리스도께서 우리에게 그분의 이름으로 무엇을 하라고 부르시는가에 있다. 우리는 하나님 나라의 백성으로, 그리스도와 함께하는 구속의 동역자로 부름 받았다. 하지만 갱신 사역에 대한 이러한 강조는 하나님의 행위, 특히 하나님의 구속 사역의 전략인 십자가를 과소평가하지 않아야 한다. 응답하는 제자들의 행위를 지나치게 강조하면 우리 스스로의 힘으로 성취한 것에 초점을 맞추어 우리가 피하고 싶은 추악한 도덕주의에 빠질 수도 있다.

- '갱신'이라는 용어는 중요하다. 이따금 '구속'이라는 말은, 우리는 그리스도 안에 있고 그분이 오실 때까지 뒤로 물러나 기다리기만 하면 된다는 안일한 생각을 조장할 수 있기 때문이다. 갱신은 구속의 두 번째 부분으로서, 그분과 함께 일하도록 부르셔서 **지금** 이미 왔지만 **아직** 완전히 성취되지 않은 총체적인 새 창조세계를 발견하기 위한 노력을 독려한다.

- 응답하는 제자들은 현재 적극적인 활동가인 동시에 그런 활동을 통해 갱신으로 가는 길을 가리키는 이정표가 된다. **지금** 시작되었지만 **아직** 완성되지 않은 하나님 나라는 모순이 아니라 예수님의 부활과 그 나라의 풍성함을 경험하게 될 그분의 재림 사이에 처해 있는 삶의 긴장이다.

창조—타락—구속—갱신 도식이 유용한 도구인 이유

- 성경의 특정 구절이 아니라 핵심 주제에 주목한다.
- 성경의 오용을 막아 준다.
- 성경 이야기에 대한 이해를 요구한다.
- 사용하기 쉽다.
- 신규 그리스도인 교사를 위한 핵심적인 지원 도구이다.

'창조—타락—구속—갱신'의 도식에 있을 법한 약점

어떤 주석가는 창조—타락—구속—갱신의 접근법이 성경 이야기가 담고 있는 전체 드라마에 적합한 주의를 기울이지 않는다고 주장하면서, 이 도식은 지나치게 단선적이고 단순하다고 비판한다. 창조—타락—구속—갱신 접근법이 과도하게 혹은 피상적으로 사용되는 경우, 많은 성경적 관점이 동일하게 보이고 특정 전문 용어가 의미를 잃을 가능성이 있다. 그러나 잘 개발된 성경적 관점에서는 이런 문제에 직면할 가능성이 거의 없다.

이런 관점에서 어떤 사람들은 성경 내러티브를 하나의 드라마로 풀어내는 종합적인 성경의 '6막' 도식을 사용한다. 크레이그 바솔로뮤와 마이클 고힌의 저서 『성경은 드라마다』(IVP, 2009)를 보면 이 드라마는 하나님이 자기 백성과 동행하는 이야기가 점진적으로 전개되면서 그 이야기가 바로 우리 이야기임을 점점 더 명확하게 인식하게 된다.

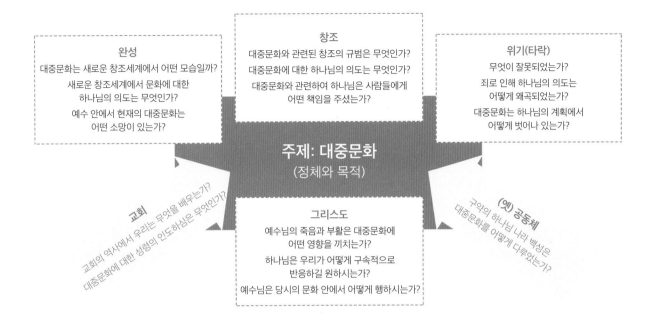

완성
대중문화는 새로운 창조세계에서 어떤 모습일까?
새로운 창조세계에서 문화에 대한
하나님의 의도는 무엇인가?
예수 안에서 현재의 대중문화는
어떤 소망이 있는가?

창조
대중문화와 관련된 창조의 규범은 무엇인가?
대중문화에 대한 하나님의 의도는 무엇인가?
대중문화와 관련하여 하나님은 사람들에게
어떤 책임을 주셨는가?

위기(타락)
무엇이 잘못되었는가?
죄로 인해 하나님의 의도는
어떻게 왜곡되었는가?
대중문화는 하나님의 계획에서
어떻게 벗어나 있는가?

주제: 대중문화
(정체와 목적)

교회
교회의 역사에서 우리는 무엇을 배우는가?
대중문화에 대한 성령의 인도하심은 무엇인가?

그리스도
예수님의 죽음과 부활은 대중문화에
어떤 영향을 끼치는가?
하나님은 우리가 어떻게 구속적으로
반응하길 원하시는가?
예수님은 당시의 문화 안에서 어떻게 행하시는가?

(옛) 공동체
구약의 하나님 나라 백성은
대중문화를 어떻게 다루었는가?

1막: **창조** - 만물은 어떻게 시작되었는가?

2막: **위기** - 그것은 어떻게 망가졌는가?

3막: **옛 공동체** - 하나님이 어떻게 이스라엘을 통해서 회복하시는가?

4막: **그리스도** - 역사의 정점이신 예수님

5막: **새로운 공동체** - 하나님이 어떻게 교회를 통해서 회복하시는가?

6막: **완성** - 만물이 새롭게 됨

창조—타락—구속—갱신의 도식에 따른 일련의 질문은 교사들에 의해 '성경 드라마의 6막' 도식에 맞게 쉽게 개발될 수 있다. 위의 질문들로 이루어진 다이어그램은 대부분의 단원에 적용할 수 있다.

그 주제가 성경에 없으면 어떻게 할 것인가?

때때로 교사들은 주제나 단원에 대해 성경에 구체적인 언급이 없어서 당황할 수 있다(예: 1960년대의 교통이나 호주 대중문화). 그렇다고 해서 그런 주제에 대한 성경적 성찰이 없는 것은 아니다. 단순히 그 주제가 더 큰 개념에 속한 일부이거나 문맥상 예시일 수 있다. 성경이 기록된 이후 인간 삶의 모든 것과 인류가 발전시키고 행한 모든 것은 창조세계와 하나님의 계시 안에 자리 잡고 있다. 호주 대중문화를 두고 생각해 보면, 우리는 대중문화가 인생의 의미와 목적, 정체성을 찾으려는 것임을 안다. 성경은 이런 주제에 대해서 더 큰 개념으로 말하는 경우가 많다. 때때로 주제를 보는 렌즈의 초점을 조정하면 보이지 않던 것이 명확하게 드러날 때가 있다.

요약

성경 내러티브를 창조—타락—구속—갱신의 이야기로 요약하는 것은 유용하다. 왜냐하면 창조—타락—구속—갱신의 이야기는 성경 내러티브가 교육과정 개발에 어떤 관련을 맺는지 이해할 수 있는 도식을 제공하기 때문이다.

다음 질문은 세상의 어떤 양상에 관한 연구에도 제기될 수 있다.

• **창조**: (이 영역에 대한) 하나님의 창조 의도는 무엇인가?

• **타락**: 죄는 (이 영역에 대한) 하나님의 의도를 어떻게 왜곡했는가?

• **구속**: (이 영역에서) 파괴된 것에 맞서서 십자가가 이룬 것은 무엇인가?

• **갱신**: (이 영역에) 갱신을 가져오기 위해 그리스도와 우리는 어떻게 동역하는가?

"제자로서 학생과 교사는 자신이 하나님의 사역에 참여하는 자임을 이해할 것이다. 창조세계의 전적 갱신은 예수님의 부활과 함께 시작되었고, 그분을 따르는 사람들의 신실한 행동에서 드러나며, 예수께서 권능으로 다시 오실 때 완성될 것이다." _ 해리 버그라프

이해를 위한 성경적 관점
대안적인 성경적 관점의 도구들

창조—타락—구속—갱신의 도식은 모든 연구 주제(성경 이야기)에 항상 적용 가능하지만, 지나치게 남용되거나 너무 단순하게 적용될 수 있다. 또는 다른 접근 방식이 더 적절할 수도 있다. 아래의 대안적 도구/도식이 탐구에 도움이 될 것이다.

대안적 도구 1:
단순화된 '창조—타락—구속—갱신'의 도식 1

이것은 간단하고 사용하기 쉬운 서술형 접근방법이다. 즉, 무엇이 선이며 하나님의 원래 경이로움과 목적을 반영하는가, 나쁜 것은 무엇이며, 인간의 반역이 어떻게 복잡해지고 공포를 불러일으켰는가를 탐구할 수 있다.
다음을 포함하는 템플릿을 만들라.

창조
~에 대해 좋은 것은 무엇인가?

_____

_____

타락
~에 대해 나쁜 것은 무엇인가?

_____

_____

구속
~에 대해 복음이 의미하는 것은 무엇인가?

_____

_____

_____

갱신
~에서 복음이 나에게 의미하는 것은 무엇인가?

_____

_____

대안적 도구 2:
단순화된 '창조—타락—구속—갱신'의 도식 2

간단한 분석적 접근방법이다.
다음을 포함하는 템플릿을 만들라.

1. 창조
이 주제에 대한 하나님의 설계 또는 목적은 무엇인가?

_____

_____

2. 창조와 타락
인간의 행동/선택/결정은 하나님의 설계와 겹치며, 이것은 모종의 결과를 초래한다.

a. 사람들이 결정하는 좋은 선택을 생각해 보라.

_____

b. 이 선택의 결과를 기술하라.

_____

c. 사람들이 결정하는 빈약한/나쁜/잘못된 선택을 생각해 보라.

_____

d. 이런 선택들의 결과를 기술하라.

_____

3. 구속과 갱신
그리스도 안에 있는 하나님의 구속 관점에서 현재 나의 특권과 책임은 무엇인가?

_____

_____

_____

대안적 도구 3: **기본적인 질문들**

어떤 주제 영역에도 적용될 수 있는 융통성 있는 질문과 대답 접근법이다.

단원/주제와 관련된 핵심적인 성경의 통찰을 이끌어 내는 반응/성찰을 촉발하기 위해서 다음 질문을 사용할 수 있다. 아래의 질문이 모두 주제와 관련되지는 않을 것이며 어떤 질문은 무시하거나 새로운 질문을 추가할 수도 있다. 브레인스토밍 단계로 볼 수 있는 이 질문들에 답한 후 그 답변을 성경적 관점의 진술을 작성하기 위한 기초로 사용해 보라.

질문	반응
1. 성경적 혹은 기독교적 관점에서 볼 때 이 단원과 관련된 중요한 주제는 무엇인가? 그것이 왜 중요한 문제인가?	
2. 성경에 대한 당신의 믿음과 성경 이해는 이런 문제에 어떻게 영향을 끼치는가?	
3. 특히 문제를 보는 기독교적 방식과 관련해서 내용이 가치나 세계관 문제를 유발하는가?	
4. 성경 드라마의 이야기(창조, 타락, 그리스도 안에 있는 구속, 최종적 회복까지)가 이 단원에 대한 우리의 이해와 반응을 형성하고, 방향을 지시하고, 알려 주는가?	
5. 다음 중 어떤 것이 이 단원에 대한 우리의 이해와 관점을 형성하거나 영향을 미치는가? (하나님의 주권, 인간의 반역, 인간의 과업/직업, 청지기 정신, 예수 그리스도의 복음, 다양한 신앙적 반응, 그리스도인의 행동 등)	
6. 이 주제/단원에서 다루는 삶에 대한 우상 숭배적이고 죄악에 물든 왜곡된 이해의 영향을 어디에서 식별할 수 있는가?	
7. 위의 질문에 대한 응답으로, 우리는 제자도에 대한 더 신실한 이해와 유형을 어떻게 개발할 수 있는가?	
8. 이 단원을 공부할 때 하나님께서는 사상, 신념, 행동에서 어떤 믿음의 반응을 우리에게 요구하시는가?	
9. 이 학습 단원/영역이 학생들에게 어떤 영향력을 미치기를 바라는가? 그 이유는 무엇인가?	
10. 이 단원이 끝날 때까지 해결되지 않은 채 남아 있거나 이해할 수 없어 당혹스러운 것은 무엇인가?	
추가 질문 :	

대안적 도구 4: **세계관 질문들**

다음 세계관 질문을 사용하여 성경적 관점을 개발한다.

성경 드라마의 단계	세계관 질문 (왈쉬와 미들턴의 4가지 기본적인 세계관 질문들에 근거함)
창조	1a. 나/우리는 누구인가? 인간 존재의 본성, 과업, 목적은 무엇인가? 1b. 나/우리는 어디에 있는가? 혹은 내가 사는 세상과 우주의 본질은 무엇인가?
그리스도인	
세속주의자	
타락	2. 무엇이 문제인가? 혹은 나/우리가 목적을 성취하지 못하게 하는 기본적인 문제나 장애물은 무엇인가? 다르게 말해 나/우리는 악/왜곡을 어떻게 이해하는가?
그리스도인	
세속주의자	
예수 그리스도 안의 구속	3a. 치료책은 무엇인가? 나/우리가 목적을 성취하기 위해 이런 장애물을 극복하는 것이 어떻게 가능한가? 다르게 말해 나/우리는 어떻게 구원을 발견하는가? 3b. 예수님의 생애(본보기와 가르침)와 죽음(대속의 희생), 부활(주권적 통치로)이 어떤 방식으로 치유 또는 회복을 가져왔는가?
그리스도인	
세속주의자	
갱신	4a. 예수님은 내가 신실하게 반응하는 제자로서 어떤 방식으로 그분의 치료 사역에 참여하기를 기대하시는가? 4b. 우리는 그리스도의 손과 발로 살아가면서 어떤 역할을 하는가?
그리스도인	
세속주의자	
완성	5. 우리와 세상의 미래는 어떻게 될 것인가? 혹은 나/우리의 궁극적인 운명은 무엇인가? 다르게 말해 나/우리의 소망은 어디에 놓여 있는가?
그리스도인	
세속주의자	
종교적인 '마음'의 헌신이란 무엇인가?	
하나님 혹은 우상	6. 누가 혹은 무엇이 신적인가? 다르게 말해 인생 안에서, 인생을 위한 질서와 의미의 궁극적인 원천은 누구 혹은 무엇이라고 믿고 있나?
그리스도인	
세속주의자	

대안적 도구 5: **분별하기와 확언하기**

'분별하기'(discerning)는 학생들이 공부하는 분야의 주요 측면을 이해하고 비판하도록 돕는다. '확언하기'(affirming)는 학생들이 어떻게 반응할지 고심하도록 돕는다. 다음은 보편적인 측면을 다루는 일련의 질문들이다. 학습 단원에 따라 다른 측면이 더 적절할 수도 있다.

사람에 대하여

• 분별 - 교육과정에서 드러나거나 가정되는 사람의 본성과 목적, 기원은 무엇인가?

_____

• 확언 - 교육과정에서 성경적 인간관을 드러낼 수 있는 기회는 무엇인가? (창조세계에서 최상의 존재로서, 하나님에 의해 그분의 형상으로 창조되었으며, 그분에게 영광 돌리기 위해 창조세계의 관리인, 경작자의 역할을 부여 받은 인간)

_____

창조세계에 대하여

• 분별 - 교육과정 안에서 드러나고 가정되는 우주의 기원과 최종 목적지는 무엇인가?

_____

• 확언 - 창조세계에 대한 성경적 관점을 제시할 수 있는 기회는 무엇인가? (하나님께서 설계하고 창조하신, 선하게 만들어진, 타락의 영향을 받지만 창조의 선한 본질이 남아 있고, 새로운 땅으로 구속되고 회복될 창조세계)

_____

가치에 대하여

• 분별 - 교육과정에서 기본적이고 좋은 것으로 제시되거나 가정되는 가치와 윤리는 무엇인가? 이런 가치와 윤리는 타락으로 인해 어떤 방식으로 왜곡되었는가?

_____

• 확언 - 어떤 가치와 윤리가 창조의 '선한' 국면으로 제시될 기회를 가지는가? (아마도 가정, 정의, 예술, 결혼, 공동체, 지도력, 기술 혁신과 같은 영역에서) 학생들은 어떤 방식으로 왜곡을 구속하는 일에 참여하도록 격려 받는가?

_____

깨어짐(Brokenness)에 대하여

• 분별 - 교육과정은 세상에 대하여 올바르지 않은 것을 어떻게 표현하는가?

_____

• 확언 - 이 교육과정 영역을 탐구하는 동안 명백하게 드러나는 깨어짐을 탐색할 수 있는 기회는 무엇인가?

_____

제자로서 반응하기

• 분별 - 도래하는 하나님 나라에서 이 창조의 영역은 어떤 모습인가?

_____

• 확언 - 학생들은 어떻게 이 학습 영역을 갱신하는 일에 참여하도록 격려 받고 준비될 수 있는가?

_____

대안적 도구 5: **분별하기와 확언하기**

대안적 도구 6: **뿌리와 열매**

이 도구는 통상적으로 중등학교에서 가장 잘 사용된다. 탐구할 주제를 확인한 후 **뿌리, 열매, 성경과의 어울림, 성경적 비평**이라는 제목 하에 질문을 제시한다.

- **뿌리** - 그 주제의 배후에는 무엇이 있는가? 그 기초는 무엇인가? 운전자가 있는가? 식별할 수 있는 철학적 기초 혹은 세계관이 있는가?

- **열매** - 그 결과는 무엇인가? ("그들의 열매로 그들을 알리라") 이 주제로부터 기인하는 결과는 무엇인가?

- **성경과의 어울림** - 그것이 어떻게 (성경과) 어울리는가?/어울리지 않는가? (성경과) 연결되는/분리되는 점은 무엇인가? 여기에서 우리는 이 주제가 그리스도인들이 생각하고 성찰한 것과 얼마나 잘 어울리거나, 일치하거나, 충돌하는지에 대해 질문한다.

- **성경적 비평** - 뿌리, 열매, 성경과의 어울림으로부터 얻은 통찰을 종합한 후, 다른 성경적 통찰에 적용하라. 그 결과 나온 토론과 아이디어는 유용한 교육 자료를 산출할 것이다.

사례: 프랑스 혁명 우리가 이것을 프랑스 혁명과 같은 역사적 주제에 적용한다면, "프랑스 혁명은 얼마나 기독교적이었는가?"라고 물을 수 있다.

- **뿌리** - '자연법'이 '하나님의 법'을 대체한다. 무신론적 관용으로, 계시가 아닌 이성주의 위에 세워진 계몽주의 시기의 인간의 자율성과 자유로운 사상의 영향력이 점차 커진다. (역사적 상황: 법과 질서의 쇠퇴, 교회와 귀족의 권력 남용, 대중의 필요에 대한 권력자의 무관심)

- **열매** - 먼저 실제 상황을 보라. 1700년대 후반 프랑스는 어떤 모습이었는가? 프랑스 혁명은 자신의 자녀들을 파괴하고 전체주의로의 복귀를 위한 씨앗을 뿌렸다. 다음으로, 그 역사 시대는 오늘날 우리에게 어떤 영향을 끼치고 있는가? 그 영향력이 아직도 남아 있는가? 자유, 평등, 박애의 가치가 여전히 영향을 끼치고 있는가? 그것들을 우리는 어떻게 보고 있는가?

- **어울림** - 연결: 혁명은 더 좋고 공정한 사회를 만들고 싶었다. 분리: 혁명은 인간의 자율성 같은 비기독교적 사상에 기초를 두고 있다. 이런 자율성은 사회 구조의 붕괴와 무정부 상태, 대혼란을 초래하였다.

- **성경적 비평** - 성경적 접근 방식은 혁명보다는 개혁에 더 가까운가? 혁명적 복종(revolutionary subordination)에 대하여 어떻게 생각하는가? 성경은 통치 권위에 대한 존중과 불경건하고 억압적인 권력을 다루는 것 사이의 긴장에 대하여 어떻게 말하는가?

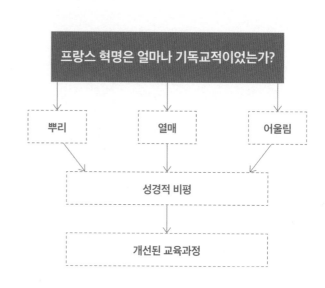

대안적 도구 7: **풍선 브레인스토밍**

풍선 브레인스토밍은 교사가 가르치는 학습 부분(주제, 토픽, 영역, 단원)의 전체적인 그림을 이해하는 데 유용한 도구이다. 교사가 브레인스토밍을 시작하거나 가르칠 영역의 범위를 파악할 때, **풍선 브레인스토밍**은 하나의 방안을 제공한다.

풍선 브레인스토밍을 사용하라. 예를 들어 '티위 제도'(Tiwi Islands)처럼 중앙에 주제를 적으라. 주제/단원이 작용하는 방식인 오른쪽의 목록을 사용하여 개별 풍선의 제목을 선택하라. 그 다음에는 각 제목 아래에 관련된 하위 영역들을 적어 내려가라. 이 도구를 사용하면 교육과정 계획자가 관련성 있고 상호 연관된 학습 구성 요소들 전체를 접할 수 있다. 그렇다면 이 다이어그램은 "그 영역이 공정하게 다루어졌는가?"라고 묻는 교사의 질문과 함께 개략적인 교육과정 목록이나 교과서에 대한 감사 도구가 될 수 있다.

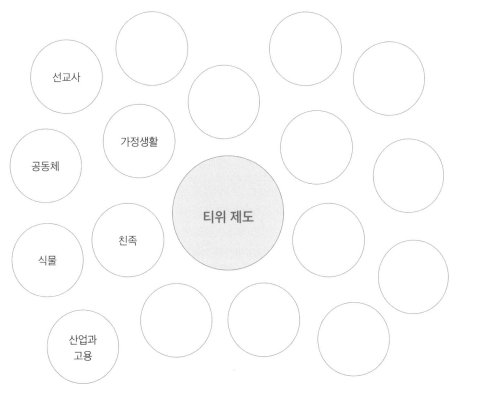

사례: 티위 제도(The Tiwi Islands)

다른 고려 사항들

수업 준비 단계, 가르칠 수 있는 계기, 관점을 가르칠 기회

수업 준비 단계(Launch Lesson)

한 단원을 인상 깊고 기억에 남을 만하게 시작할 수 있는 접근 방법 중 하나는 **수업 준비 단계**(Launch Lesson)를 잘 개발하는 것이다. 통상적으로 **수업 준비 단계**는 학생들의 상상력을 이끌어 내서 새로운 학습 영역과 관련을 맺도록 해야 하므로 창의적인 생각과 특별한 준비가 필요하다. 등굣길에 특별 자료를 구매하기 위해 문방구에 들르는 것, 수업 시간이 더 필요해서 수업 전후의 다른 과목 교사와 조율해 수업 시간을 늘리는 것, 점심을 먹으러 가거나 수업에 필요한 옷을 가져오도록 준비시키는 것 등도 **수업 준비 단계**에 해당한다. **수업 준비 단계**는 근본적인 **관점을 가르칠 기회**(Perspectival Opportunity)가 될 수도 있다. 이 경우, 이 **수업 준비 단계**에 대한 성찰을 단원의 나머지 프로그램으로 구성해 낼 수 있다. 그렇게 되면 **수업 준비 단계**가 그 학습 여행 전체를 주도한다.

가르칠 수 있는 계기(우회로)
(Teachable Moments-Detours)

가르칠 수 있는 계기란 수업 중에 발생하는 예기치 못한 자발적이고 다채로운 학습의 순간으로, 학생의 질문, 교실 밖에서의 방해, 갑자기 생각난 개인적인 일화 등을 말한다. 이를 주된 학습 여행에서 생겨난 **우회로**라고 생각할 수 있다. 관계와 진정성의 문화를 함양하는 가르침은 이러한 순간을 기대하고 환영할 것이다. **우회로**는 실제로 수업의 주요 여정과 같은 방향으로 나란히 나아갈 수도 있으므로 교육 프로그램/교육과정 계획의 일환으로 기록해 둘 충분한 가치가 있다. 하지만 **가르칠 수 있는 계기**는 성격상 즉흥적이고, 때로는 강요되거나 인위적으로 조장될 수 없다는 점을 알고 있어야 한다.

관점을 가르칠 기회(운전자)
(Perspectival Opportunities-Drivers)

관점을 가르칠 기회는 아주 구체적이고 명백하게 성경적 관점을 펼쳐내는 교육 프로그램의 일부이다. 이 책은 기독교 교육에서 전체 교육과정은 **빅 픽처**와 그 속의 **성경적 관점**과 같은 요소들에 의해 형성되어야 한다는 생각을 제시해 왔다. **관점을 가르칠 기회**는 성경에 입각한 관점과 전개되는 교육과정의 요소를 연결하여 가르치려는 의도적 시도이다. **관점을 가르칠 기회**는 수업의 일부이거나 수업 전체 혹은 **수업 준비 단계**일 수 있다. 또한 학습 여정의 핵심 운전자로 보일 수 있다. 한 단원 안에 2, 3개의 **관점을 가르칠 기회**를 가지는 것을 목표로 하는 것이 유용할 수 있다. 어떤 사안/주제는 다른 것보다 그런 기회에 더 적합할 수도 있고 덜 적합할 수도 있다.

위험

운전자와 **우회로**를 강조하다 보면 그것들에 지나치게 의존하게 될 잠재적인 **위험**이 있다. 이것은 당연한 말처럼 들릴 수도 있지만 기독교 교육자들이 반드시 기억해야 할 중요한 문제이다. 우리가 교육과정과 교수 프로그램을 의도적으로 변혁하려 하지 않고 단지 **성경적 관점**을 펼쳐내기 위해서 **가르칠 수 있는 계기**에만 의지하면, 우리의 기독교적 가르침은 임시적이고 특이하며, 일어나지 않을 수도 있고, 실제로는 학생의 사고와 생활에서 이원론적 틀을 조장하는 것일 수도 있다. 마찬가지로 성경적 세계관을 보여 주기 위한 **관점을 가르칠 기회**에 초점을 맞추는 것은 예수님이 **만물**의 주인이시며, 성경 내러티브가 제공하는 세계관의 안경을 통해서 볼 때만 만물을 철저하고 완전하게 이해할 수 있다는 풍성한 진리를 무시하는 것이다. 전체 교육과정은 **빅 픽처**에 의해서 만들어져야 하며 **운전자(관점을 가르칠 기회)**와 **우회로(가르칠 수 있는 계기)**는 교육과정 전체의 구성 요소일 뿐이다.

이 세상은 하나님의 것이다

북미주 기독교개혁교회(Christian Reformed Church)가 제정한 현대 신앙고백은 성경적 신앙이 어떻게 창조—타락—구속—갱신
의 도식을 뒷받침하는지 잘 보여 주는 요약 진술이다.

창조

이 세상은 하나님의 것이다.
그것은 우리의 것도, 지구상의 어떤 권력의 것도 아니다.
사탄이나 운명이나 요행의 것도 아니다.
이 땅은 주님의 것이다.
태초에 하나님께서
존재하지 않는 것으로부터
이 세상을 창조하시고 형상과 질서를 세우셨다.

하나님께서 하늘과 땅과 바다를 창조하셨다.
하늘 위에 해와 달과 별을 두시고
빛깔과 아름다움, 그리고 다양함이 가득한 세상을 만드시어
식물과 동물, 그리고 우리가 살기 적합한 집으로 삼으셨다.
그 세상은 일과 놀이, 예배와 경이로움
사랑과 웃음의 공간이 되었다.
하나님께서 안식하셨고 우리에게도 안식을 주셨다.
태초에 만물은 매우 좋았다.

하나님의 형상을 따라 창조된 우리는
창조주와 사랑의 관계 안에 살게 되었으며
창조세계를 돌보고 즐거워하며 우리의 이웃을 사랑하는
이 세상의 관리자와 돌보는 자로 소명을 받았다.
하나님의 세상이 발전하고 행복함으로
모든 피조물과 그 안에 사는 모든 것이 풍요로워지도록
하나님께서는 우리의 노력을 사용하신다.

현재 전개되는 역사를 우리는
비록 제한적으로밖에 알지 못하나,
하나님께서 우리 세상 안에 계셔서
만물을 사랑으로 품으시며
모든 것을 그분이 목적하신 대로 이끌어 가시는 것을
우리는 확신한다.
주께서 약속에 신실하시다는 확신은

우리 삶에 의미와 소망을 부여한다.
우리의 세상이 하나님의 것이기 때문에
우리의 미래는 안전하다.

타락

인간의 역사 태초에
우리의 첫 조상은 하나님께 순종했다.
그러나 곧 그들은 창조주의 생명의 말씀을 따라 살기보다는
사탄의 거짓에 귀를 기울였고 그 결과 죄에 빠지게 되었다.
하나님을 거역함으로써 자신들이 하나님처럼 되려 하였다.
죄인이 된 아담과 하와는 하나님께 가까이 함을 두려워하여
숨어 버렸다.
아담과 하와의 원죄에 의해서 타락한 우리는
은혜로부터 멀어져서 우리가 죄인임을 날마다 입증한다.
우리는 하나님께 감사하지 않고,
그의 법을 어기며, 우리에게 부여하신 사명을 무시한다.
하나님을 떠난 삶을 추구하므로 우리는 죽음만을 발견한다.
하나님의 법을 버리고 자유를 추구할 때
우리 자신은 사탄의 올가미에 걸릴 뿐이다.
쾌락을 좋아가면서 우리는 기쁨의 선물을 잃어버린다.
인간이 자신 안에 있는 하나님의 형상을 손상시킬 때
온 세상이 고통을 당한다.
우리는 창조물을 남용하거나 우상화한다.
우리는 우리의 창조주로부터, 이웃으로부터,
진정한 나 자신으로부터,
그리고 하나님이 지으신 모든 것으로부터 멀어져 버렸다.

우리 삶의 모든 영역인
가족과 친구, 일과 예배, 학교와 국가, 놀이와 문화에서
하나님에 대한 우리 반역의 상처가 드러나고 있다.
죄악이 우리 삶의 모든 곳에,

인종적인 오만함에,
국가들의 교만함에,
약하고 힘없는 사람들을 착취함에,
물, 공기와 토양을 오용함에,
생명체를 파괴하는 곳에,
노예 소유, 살인, 폭력과 전쟁에,
우상 숭배에,
우리의 몸을 잘못 사용함에,
그리고 현실로부터 도피하려는 광적인 노력에 드러난다.
우리 자신이 우리 죄의 희생자가 되어 왔다.
우리 자신을 정당화하거나 또는 스스로 구원하려는
우리의 모든 노력에도 불구하고
진리의 하나님 앞에서 우리는 정죄된 채로 남아 있다.
그러나 비록 파괴되고 상처를 입었어도
우리의 세상은 여전히 하나님의 것이다.
하나님은 세상을 계속해서 붙드시고 우리에게 소망을 주신다.

구속

하나님께서는 죄에 대하여 의로운 분노를 나타내셨으나
멸망으로 향해 가는 세상에 등을 돌리지 않으시고
사랑으로 대하셨다.
오래 참음과 섬세한 돌보심으로
잃어버린 자를 그분의 백성으로 다시 부르시고
이 세상을 그분의 나라로 회복하기 위해서
긴 구속의 역사를 시작하셨다.

아담과 하와가 에덴동산에서 추방되고
죄의 영향으로 삶이 고통스러워졌지만,
하나님께서는 그들을 사랑으로 대하시고
인류에 의해 야기된 악의 세력을
물리쳐 주실 것을 약속하셨다.

이 땅이 악으로 가득 찼을 때
하나님께서는 홍수로 땅을 심판하셨으나
노아와 그의 가족과 모든 종류의 동물을 구원하셨다.
그리고 하나님께서는 계절이 계속하여 유지될 것을,
그리고 마지막 날에 주께서 재림하셔서
만물을 새롭게 하실 때까지
다시는 그와 같은 멸망이 되풀이되지 않을 것을
모든 창조물과 언약하셨다.

주께서는 아브라함과 사라와 그의 자녀들에게
하나님이 되실 것을 약속하시고

그분에게 순종하여 살도록
그리고 그들을 통하여 온 민족이 복을 받도록 부르셨다.
하나님께서는 그분의 이름의 영광과
사랑의 능력과 구원의 지혜를
세상에 드러내기 위하여 이스라엘을 선택하셨다.
하나님께서는 모세를 통하여 그들에게 율법을 주시고
왕들과 선지자들을 통하여 다스리심으로써
그들 안에 이 세상의 빛이신 하나님이 드러나는
하나님의 백성으로 만드셨다.

이스라엘이 하나님의 사랑을 거절하고
이방 신을 섬기면서,
권력과 부를 의지하면서
약한 자들을 억압할 때에
하나님께서는 그들을 여러 나라 속으로 흩으셨다.
그러나 하나님은 신실한 자들을 남겨 두셨고
복음을 선포할 선지자이며
사탄을 쳐부수고 공의로 이 세상을 다스릴 왕이며
죄인들을 위해 기꺼이 자신을 희생할 제사장인
메시아를 보내 줄 것을 그들에게 약속하셨다.
하나님께서는 그들의 죄를 용서하고
새로운 마음과 영을 주실 것을 약속하시어
그들로 하여금 자신을 따라 살도록 인도하셨다.

그리스도

하나님께서는 세상을 자신과 화해시키리라는
그분의 약속을 기억하시고
예수 그리스도 안에서 인류와 연합하셨다.
우리를 대신해서 그분이 우리의 죄에 대한
하나님의 심판을 짊어지셨으므로
그분의 희생이 우리의 죄과를 제거하셨다.
하나님께서는 그분을 죽음으로부터 살려 내셨다.
무덤으로부터 걸어 나오신
예수님은 죄와 죽음을 정복한 생명의 주이시다!
예수님은 사망을 이기셨고 승천하시어
우리의 인성을 하늘의 보좌로 올려놓으셨다.
모든 권세과 영광, 그리고 통치권이 그분에게 주어졌다.
그 결과로 우리는 하나님과 화목하게 되었고
새 생명이 주어졌으며
죄의 지배에서 자유로워져
그분과 동행하도록 부름 받았다.

하나님의 백성의 사명

예수 그리스도께서 세상 모든 것을 다스리신다.
주님이신 그리스도를 따르는 삶은
세상 모든 곳에서 세상에 안주하지 않으면서
어둠 속의 빛으로, 부패한 세상의 소금으로
그리스도를 섬기는 것이다.
이 주님을 따르는 것은 하나님 나라의 복음을 가지고
모든 이들에게 그리스도를 알고 따르라고 부르며
또한 회개하고 믿는 모든 이의 죄가
예수님의 이름으로 용서되고 새 생명을 얻는다는 확신을
선포하도록 보냄 받았다는 것을 의미한다.

성령께서는 모든 성도가
자신의 이웃과 세상의 삶에서
하나님의 사명으로 살 것을 요구하신다.
만물을 보존하고 다스리시는 주님을 섬기면서
우리는 우리 공동체 안에서 건전한 교육이
이루어지도록 후원하며
모든 가르침에서 하나님의 진리가 드러나는
학교와 교육을 육성한다.
모든 학생은 하나님의 형상을 지니고 있으므로
그들의 은사를 충분하게 활용할 수 있도록
교육을 받아야 한다.

새 창조

우리는 하나님의 다스리심에 대항하는 모든 세력이
굴복할 것을 믿기 때문에
새 창조에 대한 우리의 소망을
인간의 능력에 두지 않는다.
하나님의 나라는 완전하게 이루어질 것이며
주께서 다스리실 것이다.
우리는 친절한 행동과 충성과 사랑으로
매일의 삶을 그분에게 헌신하면서,
그리고 우리의 죄악 된 행위와 슬픔까지도
하나님의 주권적인 목적 안에 사용하실 것을 알고
그분의 오심을 고대하면서 확신 있게 살아갈 수 있다.

하나님께서는 만물 안에 충만하실 것이며,
의로움과 평화가 번성하며,
모든 만물이 새롭게 될 것이며,
드디어 모든 사람이 우리의 세상이
하나님의 것인 줄 알게 될 것이다.
할렐루야, 주 예수여, 오시옵소서!

"우리의 세상은 하나님의 것이다"(북미주 기독교개혁교회의
현대 신앙고백)에서 발췌 인용.
7-10, 12-23, 25, 43, 47, 55, 57, 58조

제자도 반응의 신택

제자도 반응의 선택

이어지는 학습 행동 단계

제자도 반응이란 무엇인가?

제자도 반응은 행동 반응이다. **제자도 반응**은 학생들이 개발하기를 바라는 자질 혹은 특성이다. **제자도 반응**은 다른 사람들에게 하나님 나라를 보여 주는, 예수님의 말씀에 응답하는 제자가 되는 것이 무엇을 의미하는지를 드러내는 표현이다. **제자도 반응**은 하나님이 우리에게 살아내도록 요구하신 도전이다.

하나님은 그분의 이야기 전체를 통해 그분의 백성이 어떻게 그분의 왕국에서 조화롭게 살아갈 수 있는지에 대한 의도를 자세히 설명하신다. 이 의도는 예수 그리스도 안에서 성취되었다. 예수님의 죽음과 부활을 통해서 악이 정복되었고, 만물은 하나님과 화목하게 되었다. 우리는 우리 안에 있는 성령님의 권능으로 이 땅에서 하나님의 뜻을 실현하는 하나님의 대사들이다. **제자도 반응**은 우리 삶을 향한 하나님의 이런 계시들에 대한 우리의 반응이다. **제자도 반응**을 교육과정 안에 넣음으로써 우리는 만물을 회복하는 일에 동참한다.

주의 깊게 선택된 적절한 **제자도 반응**을 식별하고 단원 속에 집어넣음으로써, 우리는 학생들에게 그리스도의 구원을 받은, 그리스도와 닮은, 성령의 인도를 받는 이 땅의 대사가 되는 것이 무엇을 의미하는지 탐구하고 숙고할 기회를 제공한다.

제자도 반응은 한 단원을 관통하는 핵심 줄기와 같다. 이것은 단원의 형태와 특징을 만들어 내며 단원 전체의 구조를 세우는 데 기여한다. **제자도 반응**은 단원 전체를 응집시키고, 단원 형성에 도움을 주며, 학생이 학습의 현실 적합성과 의미를 파악할 수 있게 한다. 제자도 반응이 단원을 하나로 묶어 내는 유일한 요소는 아니다. (각 핵심 요소가 이런 일을 한다.) 그러나 각 **제자도 반응**이 단원 속에 짜여 들어가 자리를 잡으면, 풍부한 통찰력의 태피스트리가 만들어진다.

제자도 반응은 예수님의 부르심에 응답하는 제자가 되는 것이 무엇을 의미하는지
드러내는 표현이다. 제자도 반응은 행동 반응이다.

제자도 반응이 아닌 것

제자도 반응은 행동 반응이지만, 그것이 우리를 하나님과 온전한 관계 속에 있게 해주는 방법은 아니다. 성경은 우리가 예수님 안에 기쁨으로 거할 때 탁월하신 구주께서 공급해 주시는 것을 가지고 하나님의 사랑에 응답한다고 말한다. 우리가 할 일은 하나님을 기쁘시게 하려고 '거룩한 일'을 행하는 것이 아니다. 그런 일은 결코 일어날 수 없다. 오히려 우리가 하나님 안에 거하고, 예수께서 우리를 위해 행하신 일에 감사함으로 반응하고, 그분 안에서 만족함을 누리는 것이 우리로 하여금 기꺼이 그분을 따르도록 인도한다. 요한복음에서 예수님은 "너희가 나를 사랑하면 나의 계명을 지키리라"라고 말씀하신다(14:15). 예수님을 사랑하는 것은 탁월한 일을 행하는 것이 아니라, 탁월하신 구주를 기뻐하는 것이다.

그러므로 학생들이 **제자도 반응**에 대해 잘못된 메시지를 갖지 않게 하는 것이 중요하다. 우리의 행동 반응은 하나님을 기쁘시게 하는 일을 하는 것이 아니라, '가지가 나무에 붙어 있음'(요 15장)으로 인해 '열매'를 맺는 것이다. 바로 이런 이유로 각 제자도 반응을 설명하는 모든 진술문은 하나님의 본성과 성품에 초점을 맞추어 시작한다. 그런 이해에 근거하여 우리는 하나님의 백성에게 부여된 "내가 거룩하니 너희도 거룩할지어다"(벧전 1:15, 16)라는 명령을 따를 수 있고, 자기를 죽이고 그분을 위해 살 수 있다.

제자도 반응 - 내용 구성

앞으로 제시할 23개의 **제자도 반응** 목록에 제공된 요약 진술은 그리스도 안에서 그리스도를 위해서 산다는 것이 무엇을 의미하는지에 대한 다양한 성경적 진리를 간결하게 설명한다. 각 제자도 반응의 요약 진술문은 하나님의 본성과 성품을 분석하는 것으로 시작해서, 그리스도 안에서 어떻게 일들이 성취되는지 알아보고, 하나님 나라를 이루어 가는 사람들을 위한 함의는 무엇인지를 말하고 있다.

제시된 성경 구절들은 **제자도 반응**을 위한 성경적 기초를 개략적으로 보여 준다. 이어지는 질문은 교사들이 **제자도 반응**으로 작업하도록 유도하고 자원을 제공한다. 적절한 질문을 개발하는 것은 **제자도 반응**의 의미를 펼쳐내는 데 도움을 준다. 인용된 글들은 본질적인 진리를 포착해 준다.

이 목록은 결코 완전한 것이 아니다. 성경을 연구하고 단원을 개발할 때 초점을 맞출 수 있는 다른 **제자도 반응**들이 있다.

제자도 반응이 교육과정 개요나 학습 내용 항목에만 제한되어서는 안 된다. **제자도 반응**은 학습의 모든 국면—학습 활동의 선택, 교실에서 이루어지는 실천들, 학생을 보고 대하는 방식, 심지어 우리 자신의 성품에까지 엮여 들어가야 한다.

"그리스도는 당신의 몸 외에는 몸이 없고, 당신의 손 외에는 손이 없고, 당신의 발 외에는 발이 없습니다. 당신의 눈은 그리스도께서 세상을 긍휼히 여기시는 눈이요, 당신의 발은 그가 두루 다니시며 선을 행하시는 발입니다. 그리고 이제 그분이 우리를 축복하실 손은 당신의 손입니다." _ 아빌라의 성 테레사

질문들

제자도 반응은 서로 중복되어 그 날카로움이 무뎌지는가?
한 장의 직물을 만들려면 여러 실(threads)을 함께 엮어야 한다. 교사는 하나의 **제자도 반응**을 보면서 다른 **제자도 반응**과의 밀접한 연관성을 보게 될 것이다. '하나님 사랑하기', 혹은 '샬롬 추구하기', '희망 가져오기'는 모든 단원/주제에서 발견될 수 있다. 모든 것에 모든 **제자도 반응**이 다 관련되어 있다는 관점 때문에 길을 잃지 않으려면 그 단원에 가장 관련성이 높은 **제자도 반응**을 선택한 다음, 그 의미를 구체적으로 풀 수 있는 질문을 개발하는 것이 좋다.

제자도 반응은 언제 발견되고 작성되는가?
제자도 반응은 어느 단계에서나 생각할 수 있지만, 통상적으로 더 근본적인 항목들(**중심 주제, 성경적 관점**)을 숙고한 후에 마음에 떠오르거나 드러난다. 그런 제자도 반응을 염두에 두고 교육과정 개발자들은 계속해서 "학습 단원 전체에서 어떤 적절한 반응을 선택하고 엮을 수 있을까?", "학생들이 어떻게 응답하기를 원하는가?"라고 질문할 수 있다.

성경적 관점과 제자도 반응의 차이점은 무엇인가?
어떤 의미에서 잘 연구되고 표현된 **성경적 관점**이 하나의 **제자도 반응**으로 기능하겠지만, 이 둘의 차이점을 아는 것이 중요하다. **성경적 관점**은 성경을 통한 하나님의 계시를 이해하는 기능을 하는 것이고, **제자도 반응**은 그 계시에 대한 반응, 즉 학생들이 알고 이해하며 행하기를 원하는 것을 탐구하는 것이다.

제자도 반응은 교육과정 안에서뿐만 아니라 더 큰 영향력을 갖고 있지 않은가?
제자도 반응은 단지 교육과정 개요나 학습 내용 항목에만 국한되어서는 안 된다. **제자도 반응**은 활동의 선택, 교실에서 이루어지는 실천들, 학생에 대한 관점이나 그들을 대하는 방식, 우리 자신의 성품을 포함하여, 학습의 모든 측면에 엮여 들어가야 한다.

제자도 반응

- 행동 반응이다.
- 학습 영역을 기본적인 기독교 제자도 원리와 연결하여 단원을 전체적으로 하나로 묶는 데 도움을 준다.
- 그리스도인의 삶을 위한 지침을 제공한다.
- 전체 교육 경험 안에서 풍부한 의미를 제공하는 데 도움을 주기 위해서 교육과정 전체에 걸쳐 짜여 있다.

관통선(THROUGHLINES)
또 하나의 유용한 개념은 프레리 기독교 학교 협회(Prairie Association of Christian Schools. PACS)가 개발한 '관통선'이다. 이 캐나다 기독교 교육과정 개발팀은 일련의 핵심 자료들을 개발해 왔다.

제자도 반응의 선택

다음 단계의 학습 행동

성경 이야기에서 찾은 핵심적인 **제자도 반응**은 교육과정 전체에 짜 넣어 학습의 의미와 목적을 통합할 수 있다. 다음은 학습에 대해 학생들이 반응할 수 있는 광범위한 영역을 포괄하는 23개의 행동 반응 목록이다. 이 목록은 가장 중요한 첫 번째 것 외에는 알파벳 순서로 구성되었다.

---

1. 하나님 사랑하기
LOVING GOD

하나님의 사랑에 대한 보답으로 하나님을 사랑하고 이웃을 자기 몸과 같이 사랑한다.

---

2. 공동체 세우기
BUILDING COMMUNITY

공동체가 세워질 때 적극적으로 기여하고 다른 사람들을 격려한다.

---

3. 세상 돌보기
CARETAKING EARTH

모든 창조세계를 주의 깊게 관리하라는 하나님의 부르심에 적극적으로 반응한다.

---

4. 삶을 즐거워하기
CELEBRATING LIFE

인생에서 하나님이 공급해 주시는 모든 것을 받아들이고 모두가 다 같이 번성하는 방식으로 살아간다.

---

5. 왜곡에 맞서기
CHALLENGING DISTORTIONS

죄로 인해 오염된 영역을 식별하고 비판하며 하나님의 목적을 분별한다.

---

6. 패턴 발견하기
DISCOVERING PATTERNS

하나님의 방식과 설계를 탐구하고 발견하여 그것을 즐거워하며, 모든 사람의 유익을 위해 사용한다.

---

7. 다양성 포용하기
EMBRACING DIVERSITY

모두의 발전을 위해 주어진 문화와 사람들 사이에 내재된 차이를 존중하고 즐거워한다.

---

8. 언어로 표현하기
EXPRESSING WORDS

말을 사용하여 일을 이루고, 선택하며, 삶을 표현한다.

---

9. 지혜 구하기
GETTING WISDOM

하나님의 통찰력을 구하기 위해 이해와 지식을 넘어 더 깊이 들어갈 수 있다.

---

10. 혁신 상상하기
IMAGINING INNOVATIONS

학생들은 선한 목적을 위해서 혁신하고 갱신하며, 그렇게 함으로써 주인 된 설계자(master designer)를 찬양한다.

---

11. 겸손 본받기 IMITATING HUMILITY	학생들은 하나님의 은혜를 감사히 받고 그분을 겸손히 섬김으로써 응답한다.
12. 좌절 극복하기 OVERCOMING SETBACKS	학생들은 성령의 권능으로 좌절을 이겨 내고 소망과 믿음으로 살아간다.
13. 창조세계 숙고하기 PONDERING CREATION	창조주와 그분의 손으로 만든 작품을 묵상하고 기쁨과 찬양으로 응답한다.
14. 환대 실천하기 PRACTISING HOSPITALITY	타자를 환영하고 수용하며, 그들을 공동체 안으로 포용하기 위해 자신들의 은사를 사용한다.
15. 평화 추구하기 PURSUING PEACE	깨어진 영역과 상처 받은 사람들에게 치유와 회복을 가져다준다.
16. 창조성 반영하기 REFLECTING CREATIVITY	학생들은 표현력이 풍부하고 영감 있는 사물과 사상을 만들 때 창조주를 반영함으로써 하나님을 찬양한다.
17. 놀이 즐기기 RELISHING PLAY	하나님이 공급하시고 그리스도가 회복하신 것에 반응할 때 기쁨이 충만한 놀이의 태도를 보인다.
18. 정의 추구하기 SEEKING JUSTICE	불의를 식별하고 반응함으로써, 변화의 대리인으로 행동한다.
19. 문화 형성하기 SHAPING CULTURE	자신의 문화적 환경을 이해하고, 그것이 가진 오류와 장점을 분별하며, 하나님 나라를 위해 그 문화를 변화시키고 형성하고자 한다.
20. 자비 베풀기 SHOWING MERCY	다른 사람들에게 자비를 베풂으로써 하나님의 자비에 응답한다.
21. 생각 변혁하기 TRANSFORMING THINKING	모든 생각을 사로잡아 그리스도께 복종시키고 마음을 새롭게 함으로써 그들의 사상을 변혁한다.
22. 소명 이해하기 UNDERSTANDING VOCATION	하나님이 섬기라고 부르신 직업적 소명을 발견한다.
23. 은사 계발하기 UNWRAPPING GIFTS	자신의 재능을 개발하고 활용함으로써 자신과 다른 사람들의 삶을 풍요롭게 한다.
기타 (OTHERS)	(교사들은 또 다른 제자도의 반응을 조사하고 자신만의 **제자도 반응**을 새롭게 만들 수 있다.)

1. 하나님 사랑하기

하나님은 사랑이시다. 그분의 사랑에는 자비와 정의, 지혜, 아름다움, 기쁨, 은혜, 평화가 풍성하다. 그분이 행하신 가장 위대한 사랑은 우리를 구원하시고자 그리스도께서 죄의 대가를 완전히 지불하심으로써 이루어졌다. 우리는 하나님을 사랑한다. 왜냐하면 그분이 먼저 우리를 사랑하셨기 때문이다. 하나님을 사랑하는 것은 그분을 찬양하고, 즐거워하고, 존귀하게 여기고, 기뻐하고, 그분을 바라고, 그분으로 만족하는 것이다. 하나님께 순종하는 것은 그분을 믿고, 받아들이고, 따르고, 그분 안에 거하는 것이다. 예수님이 하나님의 아들이심을 인정하면, 내가 사는 것이 아니라 내 안에 그리스도께서 사시는 것이 된다. 그리스도 안에 거하면 우리는 하나님의 성품을 반영하고 성령의 열매를 맺는다. 그리하여 이웃을 자신처럼 사랑하고, 우리는 하나님 나라를 가리키는 이정표가 된다.

"선생님 율법 중에서 어느 계명이 크니이까 예수께서 이르시되 네 마음을 다하고 목숨을 다하고 뜻을 다하여 주 너의 하나님을 사랑하라 하셨으니 이것이 크고 첫째 되는 계명이요"(마 22:36-38).

"사랑하는 자들아 우리가 서로 사랑하자 사랑은 하나님께 속한 것이니 사랑하는 자마다 하나님으로부터 나서 하나님을 알고 사랑하지 아니하는 자는 하나님을 알지 못하나니 이는 하나님은 사랑이심이라 하나님의 사랑이 우리에게 이렇게 나타난 바 되었으니 하나님이 자기의 독생자를 세상에 보내심은 그로 말미암아 우리를 살리려 하심이라 … 누구든지 예수를 하나님의 아들이라 시인하면 하나님이 그의 안에 거하시고 그도 하나님 안에 거하느니라 하나님이 우리를 사랑하시는 사랑을 우리가 알고 믿었노니 하나님은 사랑이시라 사랑 안에 거하는 자는 하나님 안에 거하고 하나님도 그의 안에 거하시느니라"(요일 4:7-9, 15, 16).

"우리가 사랑함은 그가 먼저 우리를 사랑하셨음이라"(요일 4:19).

"우리가 아직 죄인 되었을 때에 그리스도께서 우리를 위하여 죽으심으로 하나님께서 우리에 대한 자기의 사랑을 확증하셨느니라"(롬 5:8).

"내 안에 거하라 나도 너희 안에 거하리라 가지가 포도나무에 붙어 있지 아니하면 스스로 열매를 맺을 수 없음 같이 너희도 내 안에 있지 아니하면 그러하리라 나는 포도나무요 너희는 가지라 그가 내 안에, 내가 그 안에 거하면 사람이 열매를 많이 맺나니 나를 떠나서는 너희가 아무 것도 할 수 없음이라"(요 15:4, 5).

교실에서 묻는 본질적 질문

- 하나님께 순종하는 것과 하나님을 사랑하는 것은 같은 것인가?
- 사랑은 어떻게 드러나는가?
- 하나님의 사랑은 어떻게 드러나는가?
- 우리는 하나님의 사랑에 어떻게 반응하는가?
- 마음을 다하고 목숨을 다하고 뜻을 다하고 힘을 다하여 하나님을 사랑한다는 것은 무엇을 의미하는가?

교사를 위한 심층 질문

- 우리 교실에서 사랑은 어떻게 드러나는가?
- 예수께서 십자가에서 행하신 일 외에 하나님께서 우리를 사랑하시는 것을 어떻게 알 수 있는가?
- 우리는 하나님의 본성과 성품을 어떻게 더 배울 수 있는가?
- 교실에서/이 단원에서 학생들이 하나님께 감사하고 사랑을 표현할 수 있는 기회가 있다면 어떤 것이 있는가?
- 우리는 이 단원을 공부하면서 하나님의 사랑을 어떻게 보는가?

"진정한 교육의 과업은 하나님과 그분이 창조하신 실재에 대한 지식을 개발하고, 그 지식을 우리가 사는 세상을 창조적이고 구속적으로 통치하는 일에 사용하는 것이다. 그런 결과는 오직 하나님을 사랑하고 그분과 교제하며 그분께 전심으로 예배함으로써만 얻을 수 있다."
_ 도노반 그래함

2. 공동체 세우기

하나님께서는 그분의 나라와 공동체를 세우신다. 타락의 결과, 하나님은 에덴동산에서 아담과 하와와 함께하지 않으신다. 하나님이 그분의 백성과 관계를 회복하고 화목하게 된 것은 십자가 구원 사역을 통해서이다. 그분은 그리스도의 몸인 교회를 사랑으로 건축하고 계시다. 이 교회는 언젠가 신랑이신 그분께 드려질 신부와 같다. 우리 안에서 역사하는 하나님의 사랑은 다른 사람과의 관계 속에서만 온전히 표현될 수 있다. 우리 각자에게는 공동체 안에서 나눌 은사가 주어져 있다. 우리는 그 은사를 사용함으로써 서로의 필요를 충족시킨다. 우리는 기쁨과 짐을 서로 나눈다. 하나님께서는 그저 자신만의 즐거움과 만족을 위해 사용하라고 은사를 주신 것이 아니다. 오히려 우리가 다른 사람의 복이 되도록 이 은사를 사용하게 하신다. 몸의 여러 부분이 서로 다른 역할을 하면서 한 몸을 이루는 것처럼, 하나님의 백성도 하나님 나라 건설 프로젝트에 각기 다른 역할을 하면서 그분의 교회를 이루어 간다.

"각각 은사를 받은 대로 하나님의 여러 가지 은혜를 맡은 선한 청지기 같이 서로 봉사하라"(벧전 4:10).

"형제들아 우리가 너희에게 구하노니 너희 가운데서 수고하고 주 안에서 너희를 다스리며 권하는 자들을 너희가 알고 그들의 역사로 말미암아 사랑 안에서 가장 귀히 여기며 너희끼리 화목하라 … 누구에게든지 악으로 악을 갚지 말게 하고 서로 대하든지 모든 사람을 대하든지 항상 선을 따르라"(살전 5:12-15).

"그러므로 그리스도 안에 무슨 권면이나 사랑의 무슨 위로나 성령의 무슨 교제나 긍휼이나 자비가 있거든 마음을 같이하여 같은 사랑을 가지고 뜻을 합하며 한마음을 품어 아무 일에든지 다툼이나 허영으로 하지 말고 오직 겸손한 마음으로 각각 자기보다 남을 낫게 여기고 각각 자기 일을 돌볼뿐더러 … 예수의 마음이니 그는 근본 하나님의 본체시나 하나님과 동등됨을 취할 것으로 여기지 아니하시고 오히려 자기를 비워 종의 형체를 가지사 사람들과 같이 되셨고 사람의 모양으로 나타나사 자기를 낮추시고 죽기까지 복종하셨으니 곧 십자가에 죽으심이라"(빌 2:1-8).

"그러므로 너희는 하나님이 택하사 거룩하고 사랑 받는 자처럼 긍휼과 자비와 겸손과 온유와 오래 참음을 옷 입고 누가 누구에게 불만이 있거든 서로 용납하여 피차 용서하되 주께서 너희를 용서하신 것 같이 너희도 그리하고 이 모든 것 위에 사랑을 더하라 이는 온전하게 매는 띠니라"(골 3:12-14).

교실에서 묻는 본질적 질문

• 무엇이 공동체를 만드는가?
• 누가 우리의 이웃인가?
• 우리는 다른 사람 없이 살 수 있는가?
• 왜 우리는 우리가 가진 은사로 다른 사람을 섬겨야 하는가?
• 우리는 어떻게 갈등을 풀어낼 수 있는가?

교사를 위한 심층 질문

• 우리 교실은 어떤 방식으로 풍요로운 공동체가 될 수 있나?
• 학생들이 서로 세워 주며 짐을 나누도록 어떻게 격려할 수 있는가?
• 교실을 학생 개개인이 각자 맡은 역할을 해낼 수 있는 포용적인 공간으로 만들기 위해 실천할 수 있는 방법은 무엇인가?
• 학생들이 지역 및 글로벌 커뮤니티를 강화하도록 어떤 기회를 제공하고 있는가?
• 십자가는 어떻게 공동체 안에서 하나님의 백성을 하나로 모으는가?

"어떤 공동체가 취하는 특정한 모습은 이미 하나의 창조물이며, 그 공동체의 생활 방식을 반영한다. 은사가 주어지고, 역할이 할당되고, 갈등이 처리되고, 실천이 특정한 방식으로 수행됨에 따라 공동체는 세상에서 자신만의 존재 방식으로 살아간다." _ 라스무센

3. 세상 돌보기

이 세상은 하나님의 것이며, 그분은 이 세상이 심히 좋다고 선언하셨다. 세상은 하나님께서 인간의 유익을 위해 주신 선물로서, 소중히 여기고 잘 돌봐야 한다. 우리를 둘러싼 우주에는 하나님의 창조성과 영광, 위엄이 드러난다. 우리는 이 창조세계의 놀라운 선물을 소중히 여기고 기뻐하면서 감사와 경외와 순종으로 응답한다. 그리스도의 구속 사역을 통해서 우리는 창조세계를 돌보도록 초대받은 하나님의 동역자가 된다. 청지기라고도 불리는 관리인들은 하나님의 세상에서 일하는 사람, 개발하는 사람, 존중하는 사람, 보살피는 사람, 즉 하나님의 세상을 지키는 사람이 되는 것을 기뻐할 수 있다.

"땅과 거기에 충만한 것과 세계와 그 가운데에 사는 자들은 다 여호와의 것이로다"(시 24:1).

"하나님이 그들에게 복을 주시며 하나님이 그들에게 이르시되 생육하고 번성하여 땅에 충만하라, 땅을 정복하라, 바다의 물고기와 하늘의 새와 땅에 움직이는 모든 생물을 다스리라 하시니라"(창 1:28).

"그를 하나님보다 조금 못하게 하시고 영화와 존귀로 관을 씌우셨나이다 주의 손으로 만드신 것을 다스리게 하시고 만물을 그의 발 아래 두셨으니 곧 모든 소와 양과 들짐승이며 공중의 새와 바다의 물고기와 바닷길에 다니는 것이니이다"(시 8:5-8).

"여호와 하나님이 그 사람을 이끌어 에덴 동산에 두어 그것을 경작하며 지키게 하시고"(창 2:15).

교실에서 묻는 본질적 질문

• 우리는 왜 세상을 돌보아야 하는가?
• 세상을 순종적으로 돌보는 것은 어떤 모습으로 드러나는가?
• 인간이 지구의 자원을 지나치게 많이 사용하고 있지는 않은가?
• 어떻게 하나님이 주신 세상을 망가뜨리지 않으면서 탐구하고 사용할 수 있는가?
• 지구 온난화 문제를 해결하는 것은 하나님의 일인가, 아니면 우리의 일인가? (하나님은 여전히 창조세계를 주관하고 계시는가?)

교사를 위한 심층 질문

• 우리는 우리에게 주어진 세상의 자원을 어떻게 돌보고 있는가?
• 전체 학교/교실/개인적 차원에서 어떤 실천이 세상을 돌보는 일을 장려하는가?
• 하나님의 세상을 돌보기 위해서 지역적으로, 전국적으로, 국제적으로 금지해야 할 필요가 있는 것은 무엇인가?
• 돌보는 자가 되라는 부르심에 응답할 때 하나님의 중심성을 우리 시야에서 놓치지 않으려면 어떻게 해야 하는가?
• 부패하고 절망적인 세상 앞에서 사랑하시는 하나님, 지켜 주시는 하나님에 대한 소망을 어떻게 확언할 수 있는가?

"예수님이 선포하신 하나님 나라에서의 통치란 '위에서 군림하는 것'이 아니라, 오히려 지원하는 방식으로 '아래에서 섬기는 것'에 가깝다. 하나님 나라에서 통치권을 가지는 것은 다른 사람의 복리를 돌보는 것이다. 통치권을 가지는 것은 창조의 중보자처럼 행동하는 것이다. 인간이 청지기로서 하나님께서 선하게 창조하신 것들을 돌보는 것은 착취하거나 약탈하는 것이 아니라, 창조세계에 창조세계 자체가 되도록 여지를 주는 것을 의미한다. 그는 창조세계를 존중하고 돌보며 힘을 준다. 청지기로서 인간의 목표는 창조세계와 더불어 건강하고 상호의존적인 관계 안에서 사는 것이다." _ 코넬리우스 플랜팅가

4. 삶을 즐거워하기

하나님께서는 자신의 특별한 피조물인 남자와 여자에게 생명을 불어넣으시고, 그들 앞에 나머지 창조세계를 펼쳐 보이셨다. 태초에 우리는 하나님과 함께 거닐 수 있는, 완전한 양육과 성장을 위한 동산을 받았다. 성경의 다른 쪽 끝에는 하나님께서 거룩한 성에서 그분의 백성과 함께 거하시는 장면이 그려져 있다. 그곳은 하나님의 백성이 독창성과 진보를 받아들이고, 즐겁고 활력 넘치는 삶을 살도록 만들어진 곳이다. 삶을 즐거워하고 풍성한 삶을 살아가야 할 임무를 물질적 풍요와 혼동해서는 안 된다. 진정한 번성은 오직 우리 삶을 번성케 하는 토대가 되시는 그리스도 안에서만 찾을 수 있다.

"여호와 하나님이 땅의 흙으로 사람을 지으시고 생기를 그 코에 불어넣으시니 사람이 생령이 되니라"(창 2:7).

"하나님이 그들에게 복을 주시며 하나님이 그들에게 이르시되 생육하고 번성하여 땅에 충만하라, 땅을 정복하라, 바다의 물고기와 하늘의 새와 땅에 움직이는 모든 생물을 다스리라 하시니라 … 하나님이 지으신 그 모든 것을 보시니 보시기에 심히 좋았더라 저녁이 되고 아침이 되니 이는 여섯째 날이니라"(창 1:28-31).

"내가 여호와를 항상 내 앞에 모심이여 그가 나의 오른쪽에 계시므로 내가 흔들리지 아니하리로다 이러므로 나의 마음이 기쁘고 나의 영도 즐거워하며 내 육체도 안전히 살리니 … 주께서 생명의 길을 내게 보이시리니 주의 앞에는 충만한 기쁨이 있고 주의 오른쪽에는 영원한 즐거움이 있나이다"(시 16:8, 9, 11).

"네 손이 일을 얻는 대로 힘을 다하여 할지어다 네가 장차 들어갈 스올에는 일도 없고 계획도 없고 지식도 없고 지혜도 없음이니라"(전 9:10).

"아침에 주의 인자하심이 우리를 만족하게 하사 우리를 일생 동안 즐겁고 기쁘게 하소서 … 주 우리 하나님의 은총을 우리에게 내리게 하사 우리의 손이 행한 일을 우리에게 견고하게 하소서 우리의 손이 행한 일을 견고하게 하소서"(시 90:14, 17).

교실에서 묻는 본질적 질문

• 진정한 번성이란 어떤 모습인가?
• 왜 어떤 사람은 번성하고 어떤 사람은 그렇지 못하는가? ('번

성한다'는 것은 무엇을 의미하는가?)
• 어떻게 고난과 기쁨을 동시에 누릴 수 있는가?
• 우리는 삶을 어떻게 즐거워할 수 있는가? 우리는 어떻게 모든 좋은 것을 주신 분을 즐거워할 수 있는가?
• 미국 독립선언문은 "우리는 다음과 같은 것을 자명한 진리라고 생각한다. 즉, 모든 사람은 평등하게 태어났고, 창조주로부터 양도할 수 없는 권리를 부여 받았으며, 그 권리 중에는 생명과 자유와 행복의 추구가 있다"라고 선언한다. 모든 사람은 행복을 추구할 권리가 있는가?

교사들을 위한 심층 질문

• 하나님을 모르고도 진정한 번성을 이룰 수 있는가?
• 하나님은/우리는 어떻게 패배를 승리로 바꾸는가? 어떻게 혼돈 속에서 목적을 찾을 수 있는가?
• 어떻게 학생들이 자신의 은사와 그 은사를 주신 분을 즐거워하도록 격려하는가?
• 어떻게 다른 사람의 번성을 장려하는가?
• '중요한 배움'의 순간에 기쁨과 만족을 알아차리고 즐거워하는가?

"하나님의 지성에 따르면, 융성하는 방법은 다른 사람을 융성하도록 돕는 것이고, 번성하는 방법은 다른 사람을 번성하도록 돕는 것이며, 당신 자신을 성취하는 방법은 다른 사람을 위해 당신 자신을 사용하는 것이다."
_ 코넬리우스 플랜팅가

5. 왜곡에 맞서기

하나님께서는 세상을 창조하시고 "심히 좋았더라"라고 말씀하셨다. 타락의 결과는 죄가 삶의 모든 측면에서 왜곡을 초래했다는 것을 의미한다. 세상은 이런 타락의 흔적을 고스란히 간직하고 있으며 죄의 결과로 고통 받고 있다. 하나님은 오직 그분만을 경배하도록 인류를 창조하셨지만, 하나님의 대적은 우리의 관심을 돌려 다른 대상을 예배하도록 한다. 인간의 삶과 일─문화의 발전─은 그것이 하나님의 영광을 향하지 않을 때 왜곡된다. 우리는 예수님을 우리의 모범이자 인도자로 삼아 성령의 감화로 분별력과 비판, 지혜와 용기를 가지고 죄의 영향을 받은 영역을 파악하고, 그리스도를 위해 우리 문화가 변혁되도록 도전한다.

"사랑에는 거짓이 없나니 악을 미워하고 선에 속하라"(롬 12:9).

"너희는 이 세대를 본받지 말고 오직 마음을 새롭게 함으로 변화를 받아 하나님의 선하시고 기뻐하시고 온전하신 뜻이 무엇인지 분별하도록 하라"(롬 12:2).

"모든 사람에게 구원을 주시는 하나님의 은혜가 나타나 우리를 양육하시되 경건하지 않은 것과 이 세상 정욕을 다 버리고 신중함과 의로움과 경건함으로 이 세상에 살고 복스러운 소망과 우리의 크신 하나님 구주 예수 그리스도의 영광이 나타나심을 기다리게 하셨으니 그가 우리를 대신하여 자신을 주심은 모든 불법에서 우리를 속량하시고 우리를 깨끗하게 하사 선한 일을 열심히 하는 자기 백성이 되게 하려 하심이라"(딛 2:11-14).

"이는 그들이 하나님의 진리를 거짓 것으로 바꾸어 피조물을 조물주보다 더 경배하고 섬김이라 주는 곧 영원히 찬송할 이시로다 아멘"(롬 1:25).

"바울이 아레오바고 가운데 서서 말하되 아덴 사람들아 너희를 보니 범사에 종교심이 많도다 내가 두루 다니며 너희가 위하는 것들을 보다가 알지 못하는 신에게라고 새긴 단도 보았으니 그런즉 너희가 알지 못하고 위하는 그것을 내가 너희에게 알게 하리라 우주와 그 가운데 있는 만물을 지으신 하나님께서는 천지의 주재시니 손으로 지은 전에 계시지 아니하시고"(행 17:22-24).

교실에서 묻는 본질적 질문

• 우리는 왜 우리에게 해로운 것을 사랑하는가?
• '좋은 사람'과 '나쁜 사람'을 어떻게 구별할 수 있는가?
• 우리는 모두 무언가를 섬긴다는 것이 사실인가?
• 우리에게 믿어야 할 것에 대해 말하는 이는 누구인가?
• 우리 문화에서 무엇이 중요한지를 어떻게 결정하는가?

교사들을 위한 심층 질문

• 세상의 우상을 어떻게 식별할 수 있는가?
• 학생들은 그들이 살아가는 문화를 적절하게 비판하도록 도전 받고 있는가?
• 우리는 어떻게 하나님께서 일하시는 방식의 선함을 강조하고 드러내는가?
• 우리의 사고/가르침의 실천/단원 내용을 형성하는 이념들을 인식하고 있는가?
• 복음이 우리 학생들을 변혁시키는 것이 아니라면 무엇이 그들을 변혁시키는가?

"예수님은 그다지 중요하지 않은 것들에 삶을 낭비하는 것에서 우리를 구원하시길 원하신다. 갖지 못한 것을 집요하게 생각나게 하는 '은메달 증후군' 문화에 눈이 먼 우리에게 성경은 밝은 빛을 가져다준다. 인생은 소유의 넉넉함으로 이루어지는 것이 아니다. 재물에 소망을 두지 말라. 하나님께 소망을 두고 선한 일에 부요하며, 너그럽고 나누어 주기를 좋아하라. 그렇게 하면 참된 삶을 소유하게 될 것이다." _ 화이트헤드와 타이슨

6. 패턴 발견하기

하나님은 자연의 법칙들(natural laws)로 우주를 창조하셨다. 하나님의 창조 질서 곳곳에는 패턴, 구조, 체계가 내재되어 있다. 하나님은 우리를 이성을 가진 존재로 창조하셔서 우리로 하여금 관찰하고, 인식하고, 결론 내리고, 분별하고, 질문하고, 사고하고, 개념을 조직할 수 있게 하셨다. 이런 은사로 인해 우리는 하나님이 만드신 창조세계의 모든 영역을 탐구하고, 그분의 패턴과 설계를 발견할 수 있다. 우리는 왜곡된 결론에 이르지 않도록 성령님의 감화를 구한다. (성령으로) 감동된 우리의 배움은 공동체에 유익을 가져올 새로운 발견의 기초를 형성할 수 있다.

"땅이 있을 동안에는 심음과 거둠과 추위와 더위와 여름과 겨울과 낮과 밤이 쉬지 아니하리라"(창 8:22).

"여호와께서 이와 같이 말씀하셨느니라 그는 해를 낮의 빛으로 주셨고 달과 별들을 밤의 빛으로 정하였고 바다를 뒤흔들어 그 파도로 소리치게 하나니 그의 이름은 만군의 여호와니라 이 법도가 내 앞에서 폐할진대 이스라엘 자손도 내 앞에서 끊어져 영원히 나라가 되지 못하리라 여호와의 말씀이니라"(렘 31:35, 36).

"여호와여 주는 나의 하나님이시라 내가 주를 높이고 주의 이름을 찬송하오리니 주는 기사를 옛적에 정하신 뜻대로 성실함과 진실함으로 행하셨음이라"(사 25:1).

"주의 손가락으로 만드신 주의 하늘과 주께서 베풀어 두신 달과 별들을 내가 보오니"(시 8:3).

교실에서 묻는 본질적 질문

- 패턴이 될 수 있는 조건은 무엇인가?
- 패턴에서 배울 수 있는 것은 무엇인가?
- 사람들은 특정 방식으로 행동하도록 프로그래밍되어 있는가?
- 인간의 갈등은 패턴인가?
- 자연의 패턴을 안전하게 어길 수 있는가?

교사들을 위한 심층 질문

- 패턴과 질서는 하나님의 성품과 본성에 대해 무엇을 드러내는가?
- 학생들에게 패턴으로 놀 수 있는 기회를 어떻게 만들어 주는가?
- 어디서 물리적 창조세계를 넘어서는 패턴을 보는가?
- 교실에서 어떤 패턴과 구조를 의도적으로 형성하는가?
- 교실에서 생겨난 우려스러운 패턴은 무엇인가? 그것에 주목할 필요가 있는가?

"창조는 강력한 행위였다. 그것은 사고하고, 형성하며, 평가하는 강력한 지성의 행위였다." _ 제임스 패커

"태양, 행성, 혜성의 가장 아름다운 체계는 지적이고 강력한 존재의 권고와 통치에서만 나올 수 있다." _ 아이작 뉴턴

7. 다양성 포용하기

이 땅의 모든 사람은 하나님의 형상대로 만들어졌다. 우리는 동등한 가치를 지닌 인류로서 우리의 하나 됨을 선포할 수 있다. 하나님은 그리스도 안에서 모든 사람에게 복음의 메시지를 전하신다. 시대를 막론하고 지구상의 모든 민족과 문화는 어떤 식으로든 창조주를 반영하며 하나님 나라를 풍요롭게 한다. 우리는 하나님께서 창조하신 민족과 문화의 풍부한 다양성과 그로 인한 각양각색의 통찰력과 반응을 기뻐하지만, 각 민족과 문화가 하나님을 섬기는 데 부족하다는 사실 또한 잘 안다. 문화적 차이에 대한 존중은 문화에 대한 비판적 평가, 특히 하나님의 설계에 어긋나는 경우의 비판적 평가와 긴장 관계에 놓여 있다.

"이 일 후에 내가 보니 각 나라와 족속과 백성과 방언에서 아무도 능히 셀 수 없는 큰 무리가 나와 흰 옷을 입고 손에 종려 가지를 들고 보좌 앞과 어린 양 앞에 서서 큰 소리로 외쳐 이르되 구원하심이 보좌에 앉으신 우리 하나님과 어린 양에게 있도다 하니"(계 7:9, 10).

"너희가 다 믿음으로 말미암아 그리스도 예수 안에서 하나님의 아들이 되었으니 누구든지 그리스도와 합하기 위하여 세례를 받은 자는 그리스도로 옷 입었느니라 너희는 유대인이나 헬라인이나 종이나 자유인이나 남자나 여자나 다 그리스도 예수 안에서 하나이니라 너희가 그리스도의 것이면 곧 아브라함의 자손이요 약속대로 유업을 이을 자니라"(갈 3:26-29).

"몸은 하나인데 많은 지체가 있고 몸의 지체가 많으나 한 몸임과 같이 그리스도도 그러하니라 우리가 유대인이나 헬라인이나 종이나 자유인이나 다 한 성령으로 세례를 받아 한 몸이 되었고 또 다 한 성령을 마시게 하셨느니라 몸은 한 지체뿐만 아니요 여럿이니 … 오직 하나님이 몸을 고르게 하여 부족한 지체에게 귀중함을 더하사 몸 가운데서 분쟁이 없고 오직 여러 지체가 서로 같이 돌보게 하셨느니라 만일 한 지체가 고통을 받으면 모든 지체가 함께 고통을 받고 한 지체가 영광을 얻으면 모든 지체가 함께 즐거워하느니라 너희는 그리스도의 몸이요 지체의 각 부분이라"(고전 12:12-27).

"우주와 그 가운데 있는 만물을 지으신 하나님께서는 천지의 주재시니 … 이는 만민에게 생명과 호흡과 만물을 친히 주시는 이심이라 인류의 모든 족속을 한 혈통으로 만드사 온 땅에 살게 하시고 …"(행 17:24-27).

교실에서 묻는 본질적 질문

• 왜 우리는 모두 다른가?
• 다양성에서 나오는 유익은 무엇인가?
• 모든 사람/문화에는 어떤 공통점이 있는가?
• 모든 문화의 가치는 동등한가?
• 다른 문화에서 우리보다 더 잘하는 것은 무엇인가?

교사들을 위한 심층 질문

• 다른 문화에 있는 풍요를 탐구하도록 학생들에게 어떤 기회를 주고 있는가?
• 다른 문화를 통해서 하나님의 성품과 본성에 대해 무엇을 배우고 있는가?
• 당신의 교실 문화를 어떻게 설명하고 싶은가? 교실에서 다양성을 수용하고 있는가?
• 인류의 풍요로움에 기여하는 여러 민족과 문화의 다양한 통찰력과 제안에 대한 예는 무엇인가?
• 각 문화와 사람들 사이에 그토록 큰 차이가 있는데 어떻게 그리스도 안에서 하나가 될 수 있는가?

"구약은 인류가 흩어지고, 민족들이 널리 퍼져 나가고, 서로 분열하고, 싸우는 이야기이다. 그러나 신약은 하나님이 나라들을 하나의 국제 사회로 모으는 이야기이다. 모든 연령층과 인종, 문화, 사회적 출신의 남녀가 그리스도 안에서 하나가 되는 새로운 공동체의 핵심이 여기에 있다." _ 존 스토트

8. 언어로 표현하기

글과 말은 무한한 의미를 담고 있다. 태초에 하나님이 말씀으로 천지를 창조하시고 사람에게 생기를 불어넣으셨다. 예수님은 말씀으로 병을 고치시고, 귀신들을 쫓아내시고, 가르치시고, 인도하시고, 심판하시고, 격려하셨다. 예수님은 죄를 짓지 않으시고, 말을 사용하여 다른 사람들에게 생명과 진리를 전하신 최고의 모범이시다. 우리의 말은 우리 마음의 상태를 표현하기 때문에 하나님께 영광을 돌리는 데 사용될 수 있다. 우리는 통찰의 은사와 언어, 음성을 사용할 때 예수님의 모범을 따르고 진리와 생명을 말할 수 있다. 우리는 우리가 하는 말을 조심하고 살펴보며, 우리가 하는 말로 다른 사람을 세워 주고, 평소 사용하는 언어를 지혜롭게 선택할 책임이 있다.

"무릇 더러운 말은 너희 입 밖에도 내지 말고 오직 덕을 세우는 데 소용되는 대로 선한 말을 하여 듣는 자들에게 은혜를 끼치게 하라"(엡 4:29).

"너희 말을 항상 은혜 가운데서 소금으로 맛을 냄과 같이 하라 그리하면 각 사람에게 마땅히 대답할 것을 알리라"(골 4:6).

"독사의 자식들아 너희는 악하니 어떻게 선한 말을 할 수 있느냐 이는 마음에 가득한 것을 입으로 말함이라 선한 사람은 그 쌓은 선에서 선한 것을 내고 악한 사람은 그 쌓은 악에서 악한 것을 내느니라 내가 너희에게 이르노니 사람이 무슨 무익한 말을 하든지 심판 날에 이에 대하여 심문을 받으리니 네 말로 의롭다 함을 받고 네 말로 정죄함을 받으리라"(마 12:34-37).

"하늘이 하나님의 영광을 선포하고 궁창이 그의 손으로 하신 일을 나타내는도다 날은 날에게 말하고 밤은 밤에게 지식을 전하니 언어도 없고 말씀도 없으며 들리는 소리도 없으나 그의 소리가 온 땅에 통하고 그의 말씀이 세상 끝까지 이르도다 하나님이 해를 위하여 하늘에 장막을 베푸셨도다"(시 19:1-4).

교실에서의 본질적 질문

• 말만으로 우리가 진정 표현하고자 하는 것을 담아낼 수 있는가?

• 말은 왜 그렇게 강력한가? (상처 주기보다 치료하기 위해 말을 어떻게 사용할 수 있는가?)

• 생각하는 것과 느끼는 것. 말하는 것 사이에는 어떤 연관성이 있는가?

• 침묵해야 할 때와 말할 때를 어떻게 알 수 있는가?

• '표현의 자유'를 장려한다는 것은 무엇이든지 말할 수 있다는 의미인가?

교사들을 위한 심층 질문

• 말은 매우 강력하므로 일반적인 상황(온라인상의 상호작용, 친구들과의 대화 등)에서 살리는 말을 하도록 어떻게 학생들에게 도전하는가?

• 학생들이 넓은 영역에서 정의를 증진하고, 왜곡에 도전하며, 문화를 형성하는 일에 언어를 사용하도록 어떻게 의도적으로 장려하는가?

• 학생들에게 사랑 안에서 진실을 말하는 방법과. 말할 때와 침묵할 때를 교육하는가?

• 학생들이 글과 말로 표현할 때 가장 적절한 단어를 신중하게 선택할 수 있도록 풍부한 어휘에 노출시키고 있는가?

• 우리 교실에서는 교사의 말보다 학생들의 대화가 더 많아지는 것을 허용하는가?

"말은 인류가 사용할 수 있는 가장 강력한 힘이다. 우리는 이 힘을 격려의 말을 통해 건설적으로 사용할 수 있고, 절망의 말을 통해 파괴적으로 사용할 수도 있다. 말은 돕고, 치료하고, 방해하고, 상처를 주고, 해를 끼치고, 굴욕을 주고, 겸손하게 하는 에너지와 힘을 가지고 있다." _ 예후다 버그

9. 지혜 구하기

참된 지혜는 하나님께 속해 있으며, 그분은 구하는 자에게 지혜를 주신다. 지혜는 이해와 지식을 넘어선다. 지혜는 존재 방식과 생활 방식에 방향을 제공한다. 예수님은 하나님으로부터 온 궁극적인 지혜이시다. 그분은 길이요 진리요 생명이시다. 우리의 지혜가 자라면 성령과 보조를 맞추는 삶을 살게 된다. 그리스도와 함께 걸을 때 우리는 성부 하나님의 마음과 우리가 그분 안에서 안식하고 그분을 위해 살아가기를 바라시는 방식에 대한 통찰을 얻게 된다. 그분을 통해 우리는 선과 악을 분별하고 그에 따라 살 수 있는 마음을 가지게 된다. 하나님의 지혜는 이 세상의 지혜로운 사람을 부끄럽게 만든다.

"지혜가 제일이니 지혜를 얻으라 네가 얻은 모든 것을 가지고 명철을 얻을지니라"(잠 4:7).

"너희 중에 누구든지 지혜가 부족하거든 모든 사람에게 후히 주시고 꾸짖지 아니하시는 하나님께 구하라 그리하면 주시리라"(약 1:5).

"대저 여호와는 지혜를 주시며 지식과 명철을 그 입에서 내심이며 그는 정직한 자를 위하여 완전한 지혜를 예비하시며 행실이 온전한 자에게 방패가 되시나니 대저 그는 정의의 길을 보호하시며 그의 성도들의 길을 보전하려 하심이니라 그런즉 네가 공의와 정의와 정직 곧 모든 선한 길을 깨달을 것이라"(잠 2:6-9).

"예수께서 이르시되 내가 곧 길이요 진리요 생명이니 나로 말미암지 않고는 아버지께로 올 자가 없느니라"(요 14:6).

"이는 그들로 마음에 위안을 받고 사랑 안에서 연합하여 확실한 이해의 모든 풍성함과 하나님의 비밀인 그리스도를 깨닫게 하려 함이니 그 안에는 지혜와 지식의 모든 보화가 감추어져 있느니라"(골 2:2, 3).

교사를 위한 심층 질문

• 지식, 이해, 경험, 상식, 통찰 사이에는 어떤 관계/연결이 있는가?

• 지혜는 가르칠 수 있는가? 지혜를 평가할 수 있는가? 지혜를 연구할 수 있는가?

• 우리가 성령님과 동행하고 있으며, 그래서 교실에서 지혜로운 지도자라는 것을 어떻게 확신하는가?

• 학생이 지혜를 보여 주길 기대하는 것은 합리적인가?

• 우리는 교실에서 어떻게 지혜를 실천하고 있는가? 그것은 학생들과 공유된 이해/실천/행동 목록에 의도적으로 반영되어 있는가?

"지혜는 믿음에 뿌리박고 있으며, 우리를 신실한 삶으로 인도한다. 지혜는 우리가 하나님의 백성을 위한 풍성하고 풍요로운 집으로 여기는 이 세상에서 더 많이 알고, 더 잘 이해하고, 더 많은 일을 할 수 있는 열정을 불러일으킨다." _ 글로리아 스트롱스와 더그 블롬버그

교실에서 묻는 본질적 질문

• 지혜란 무엇인가?

• 지혜로운 사람을 어떻게 식별할 수 있는가? (무엇이 지혜로운 지도자를 만드는가?)

• 지혜는 시대에 따라 변하는가? ('상식'이란 무엇인가?)

• 우리가 참으로 지혜로워지려면 하나님을 알아야 하는가?

• 지혜로운 결정을 내리려면 무엇이 필요한가?

10. 혁신 상상하기

하나님은 우리의 수석 디자이너이시다. 우리는 새가 어떻게 날 수 있는지, 새로운 생명체가 어떻게 만들어지는지, 우주가 정확히 얼마나 멀리까지 확장되는지를 보면서 경이로움에 빠져 있다. 하나님은 무에서 천지를 창조하시고 자신의 형상대로 땅을 다스릴 독특한 특권을 가진 인간을 만드셨다. 인간은 땅을 경작하고 땅의 잠재성을 최대한 개발하도록 창조되었다. 혁신이란 변화하거나 새로운 것을 만드는 것이다. 예수님이 사람이 되신 것은 혁신이다. 그분은 삶의 모든 영역을 새롭게 하시기 위해 이 땅에 오셨다. 그분은 새 땅에 그분의 나라를 건설하시면서 모든 창조세계를 혁신하는 과정 중에 계신다. 성령의 인도하심으로 우리는 창조세계를 더 잘 관리할 수 있는 능력과 이 땅의 구성 요소를 새로운 방식으로 발견하고 사용할 수 있는(제품, 과정, 서비스, 아이디어를 디자인하는) 능력을 부여 받는다. 이런 혁신에는 목적이 있다. 그 목적이란 사랑을 표현하고, 다른 사람을 섬기고, 하나님의 창조세계를 더 깊이 탐구하며, 경이로움을 창조하고, 우리의 주인 된 설계자에게 찬양과 영광을 돌리는 것이다.

"하나님이 이르시되 우리의 형상을 따라 우리의 모양대로 우리가 사람을 만들고 그들로 바다의 물고기와 하늘의 새와 가축과 온 땅과 땅에 기는 모든 것을 다스리게 하자 하시고 하나님이 자기 형상 곧 하나님의 형상대로 사람을 창조하시되 남자와 여자를 창조하시고"(창 1:26, 27).

"또 내가 새 하늘과 새 땅을 보니 처음 하늘과 처음 땅이 없어졌고 바다도 다시 있지 않더라 … 보좌에 앉으신 이가 이르시되 보라 내가 만물을 새롭게 하노라 하시고 또 이르시되 이 말은 신실하고 참되니 기록하라 하시고"(계 21:1, 5).

"직분은 여러 가지나 주는 같으며 또 사역은 여러 가지나 모든 것을 모든 사람 가운데서 이루시는 하나님은 같으니 각 사람에게 성령을 나타내심은 유익하게 하려 하심이라"(고전 12:5-7).

"태초에 말씀이 계시니라 이 말씀이 하나님과 함께 계셨으니 이 말씀은 곧 하나님이시니라 그가 태초에 하나님과 함께 계셨고 만물이 그로 말미암아 지은 바 되었으니 지은 것이 하나도 그가 없이는 된 것이 없느니라"(요 1:1-3).

교실에서 묻는 본질적 질문

• 혁신은 언제나 개선인가? 누가 그것을 결정하는가?
• 진보란 무엇인가? (혹은 변화란 무엇인가?)
• 진정으로 독특하고 새로운 아이디어가 있는가?

• 혁신에 아무 목적이 없을 수 있는가? (혁신 그 자체가 목적일 수 있는가?)
• 새로운 아이디어는 어디에서 나오는가?

교사를 위한 심층 질문

• 우리는 혁신/변화가 하나님의 뜻에 부합되는 것을 어떻게 보장할 수 있는가?
• 우리의 혁신은 다른 사람에 대한 사랑을 어떻게 보여 주는가?
• 혁신을 만들 때 관계/공동체/공감은 어떤 역할을 하는가?
• 교육 프로그램의 어느 부분에서 학생들에게 혁신의 기회를 제공하고 있는가? 우리는 어느 부분에서 그들에게 혁신을 설계하는 과정의 기술을 가르치고 있는가?
• 우리는 학생들에게 혁신을 통해서 탐구하고 창조할 기회를 어떻게 제공하고 있는가?

"창조세계는 순전히 좋은 것이지만 그것이 가진 가능성이 다 개발되지는 못했다. 따라서 인간에게는 선한 청지기로서 창조세계를 더 잘 관리하고, 창조세계의 구성 요소를 발견하고 사용하기 위하여 창조세계를 정복해서 새로운 산물을 만들고, 자신들의 즐거움과 존속을 위해 그것을 감사함으로 받는 특권과 책임이 주어졌다." _ 도노반 그래함

11. 겸손 본받기

겸손은 성격적인 특징이나 외적인 태도(마음은 여전히 교만과 오만으로 가득 차 있을 수 있다.)가 아니라 하나님과 우리의 전체적인 관계를 반영하는 것으로서 하나님 나라의 주요한 특성이다. 인간인 우리는 죄와 구원의 필요성 외에는 아무 것도 없는 초라한 존재로 하나님께 나아간다. 우리는 우리의 공로가 부족하고 우리 자신을 구원할 능력이 없음을 인식한다. 그래서 하나님께서 겸손한 자를 세우시고 배고픈 자를 좋은 것(그분의 은혜)으로 채워 주실 때, 감사한 마음으로 받아들이고 하나님과 이웃을 위하여 살아간다. 우리는 자아에 대하여 죽고 그리스도 안에서 새로운 피조물로 살아간다. 이것이 진정한 겸손이며 우리가 하나님께 나아가는 방식이다. 예수님은 우리의 모범이시다. 예수께서 섬김을 받으러 오시지 않고 섬기러 오셨듯이, 우리도 마땅히 겸손히 섬기는 일에 헌신해야 한다.

"그의 팔로 힘을 보이사 마음의 생각이 교만한 자들을 흩으셨고 권세 있는 자를 그 위에서 내리치셨으며 비천한 자를 높이셨고 주리는 자를 좋은 것으로 배불리셨으며 부자는 빈 손으로 보내셨도다"(눅 1:51-53).

"나는 마음이 온유하고 겸손하니 나의 멍에를 메고 내게 배우라 그리하면 너희 마음이 쉼을 얻으리니 이는 내 멍에는 쉽고 내 짐은 가벼움이라 하시니라"(마 11:29, 30).

"내게 주신 은혜로 말미암아 너희 각 사람에게 말하노니 마땅히 생각할 그 이상의 생각을 품지 말고 오직 하나님께서 각 사람에게 나누어 주신 믿음의 분량대로 지혜롭게 생각하라"(롬 12:3).

"너희 중에는 그렇지 않아야 하나니 너희 중에 누구든지 크고자 하는 자는 너희를 섬기는 자가 되고 너희 중에 누구든지 으뜸이 되고자 하는 자는 너희의 종이 되어야 하리라"(마 20: 26, 27).

"그러므로 너희는 하나님이 택하사 거룩하고 사랑 받는 자처럼 긍휼과 자비와 겸손과 온유와 오래 참음을 옷 입고 누가 누구에게 불만이 있거든 서로 용납하여 피차 용서하되 주께서 너희를 용서하신 것 같이 너희도 그리하고"(골 3:12, 13).

교실에서 묻는 본질적 질문

• 기독교적 겸손이란 무엇인가?
• 겸손은 연약한가? 겸손이란 다른 사람에게 짓밟히는 것을 의미하는가?

• 겸손은 교만의 반대인가?
• 서양 문화에서 겸손이 인기가 없는 이유는 무엇인가?
• 겸손의 대가는 무엇인가?

교사를 위한 심층 질문

• 교실에서 어떻게 겸손의 정신을 장려할 수 있는가?
• 학생들이 십자가에서 예수님이 보여 주신 하나님의 사랑을 깊이 묵상하도록 어떻게 도전하고 있는가? 예수님은 어떻게 겸손의 궁극적인 표현이 되시는가?
• 자기애적인 문화 속에서 사는 우리가 학생들에게 자신의 정체성과 의미를 잃지 않으면서도 '냉철한 판단'으로 자신을 보도록 가르칠 수 있는 방법은 무엇인가?
• 겸손은 어떤 방식으로 우리와 하나님과의 관계 전체를 드러내는가?
• 겸손은 어떤 면에서 호주인의 견고한 정체성과 개성에 대비되는가?

"겸손은 진실로 모든 미덕의 어머니이다. 겸손은 우리를 '근원'이나 '우두머리'가 아닌, 그릇과 수단, 대리인이 되게 한다. 겸손은 모든 학습과 모든 성장, 과정을 이끌어 낸다. 원칙 중심의 자세에서 나오는 겸손을 통해 우리는 과거로부터 배우고 미래에 대한 희망을 가지고, 현재에 자신감을 가지고 행동할 수 있는 힘을 얻는다."
_ 스티븐 코비

12. 좌절 극복하기

하나님은 연민과 자비로 충만하시고, 삶의 모든 영역에서 안녕(well-being)과 조화를 원하신다. 하나님의 말씀은 그분을 사랑하고 시험과 고난 가운데 견디는 사람에게 '생명의 면류관'을 약속하신다. 세상은 깨어짐과 고통, 슬픔, 고난으로 가득 차 있다. 예수님은 고난 속에서 인내하심으로써 인내의 본을 보이셨다. 이에 반응하여 우리는 용서하고 화해하고 문제를 해결하고 궁극적으로는 우리 인생에서 만나는 많은 시련과 장애물을 인내해야 한다. 우리에게는 좌절을 극복하는 힘을 가지고 소망과 믿음이 충만하도록 우리의 마음과 지성, 정신을 계속적으로 변혁하도록 돕는 성령님이 계시다.

"시험을 참는 자는 복이 있나니 이는 시련을 견디어 낸 자가 주께서 자기를 사랑하는 자들에게 약속하신 생명의 면류관을 얻을 것이기 때문이라"(약 1:12).

"인내는 연단을, 연단은 소망을 이루는 줄 앎이로다 소망이 우리를 부끄럽게 하지 아니함은 우리에게 주신 성령으로 말미암아 하나님의 사랑이 우리 마음에 부은 바 됨이니"(롬 5:4, 5).

"이는 너희 믿음의 시련이 인내를 만들어 내는 줄 너희가 앎이라 인내를 온전히 이루라 이는 너희로 온전하고 구비하여 조금도 부족함이 없게 하려 함이라 너희 중에 누구든지 지혜가 부족하거든 모든 사람에게 후히 주시고 꾸짖지 아니하시는 하나님께 구하라 그리하면 주시리라"(약 1:3-5).

"보라 인내하는 자를 우리가 복되다 하나니 너희가 욥의 인내를 들었고 주께서 주신 결말을 보았거니와 주는 가장 자비하시고 긍휼히 여기시는 이시니라"(약 5:11).

교실에서 묻는 본질적 질문

- 사랑의 하나님이 악과 고통을 허용하시는 이유는 무엇인가?
- 인내는 어떻게 드러나는가?
- 고난에서 선한 것이 나올 수 있는가? 우리가 직면하는 어려운 일은 우리를 어떻게 변화시키는가?
- 우리는 좌절에 어떻게 반응하는가?
- 우리는 어려운 시기를 겪고 있는 사람들을 어떻게 지원하는가?

교사를 위한 심층 질문

- 긍정적인 사고방식이 고난에 대한 우리의 반응에 어떤 영향을 미치는가?
- 학생들이 교실에서 인내심을 기르도록 어떻게 격려할 수 있는가?
- 하나님을 아는 것이 어떻게 회복적 탄력성과 정서적 힘을 키울 수 있는가? 우리는 이런 아이디어를 교육과정/가르침의 실천에 의도적으로 포함시키고 있는가?
- 우리보다 불행한 사람들의 고난과 시련을 배우면서 우리는 어떤 관점을 얻는가?
- 시련과 고통을 경험했던 사람들의 모습에서 우리는 어떻게 배우는가? 이런 이해를 발전시키는 데 상상력은 어떤 역할을 하는가?

"나는 당신의 삶에 분명히 문제가 생길 것을 알고 있다. 하지만 예수님께 나아가 그분을 꽉 붙잡으라. 그분은 전에도 계셨고 그 문제가 어떤 것인지 아신다. 당신은 그분이 거기 계신다는 것을 알게 될 것이다." _ 리처드 멀린스

13. 창조세계 숙고하기

우리 하나님은 최고의 예술가이시다. 시편 8편에서 다윗은 손가락을 사용하여 세상을 창조하시는 하나님에 대하여 노래하고 있다. 그분의 지문이 광활한 우주 전체에 퍼져 있다. 그분의 예술성은 만물, 즉 물리적 창조세계에서, 다양한 인간적 특성에서, 우리 주위의 사람들과 공동체의 표현에서, 다양한 문화적 발전에서 드러난다. 우리는 경외심과 경이로움, 관심, 놀람, 심지어 어리둥절함으로 이에 반응한다. 우리는 아직도 우리가 모르는 것과 이해할 수 없는 것이 많다는 것을 깨달을 수 있는 능력이 있다. 우리 모두는 하나님의 형상으로서 한 걸음 물러서서 창조주와 그분의 작품을 묵상하라는 초대를 받았다.

"하늘이 하나님의 영광을 선포하고 궁창이 그의 손으로 하신 일을 나타내는도다"(시 19:1).

"주의 손가락으로 만드신 주의 하늘과 주께서 베풀어 두신 달과 별들을 내가 보오니 사람이 무엇이기에 주께서 그를 생각하시며 인자가 무엇이기에 주께서 그를 돌보시나이까"(시 8:3, 4).

"주께서 내 내장을 지으시며 나의 모태에서 나를 만드셨나이다 내가 주께 감사하옴은 나를 지으심이 심히 기묘하심이라 주께서 하시는 일이 기이함을 내 영혼이 잘 아나이다"(시 139:13, 14).

"만물이 그에게서 창조되되 하늘과 땅에서 보이는 것들과 보이지 않는 것들과 혹은 왕권들이나 주권들이나 통치자들이나 권세들이나 만물이 다 그로 말미암고 그를 위하여 창조되었고"(골 1:16).

"우리 주 하나님이여 영광과 존귀와 권능을 받으시는 것이 합당하오니 주께서 만물을 지으신지라 만물이 주의 뜻대로 있었고 또 지으심을 받았나이다 하더라"(계 4:11).

교실에서 묻는 본질적 질문

• 창조세계 안에서 하나님의 지문을 볼 수 있는 곳은 어디인가?
• 창조세계는 하나님/우리 자신에 대해 무엇을 말해 주는가?
• 창조세계 안에서 어떻게 하나님의 설계가 명백하게 드러나는가?
• 우리는 대답할 수 없는 자연의 질문에 어떻게 반응하는가?
• 온 우주를 창조하신 하나님이 왜 우리에게 관심을 가지시는가?

교사를 위한 심층 질문

• 우리는 창조세계 안에서 하나님의 최고의 예술성을 어떻게 인식하는가? 우리가 가르치는 단원에서 학생들이 이것에 주목하도록 할 수 있는 방법은 무엇인가?
• 창조세계에 대해 깊이 생각할 때 창조주와 우리의 관계에 대하여 배우는 것은 무엇인가?
• 이 단원에서 멈추고/성찰하고/묵상하는 시간을 어떤 방식으로 포함시킬 수 있는가?
• 사람들은 각기 다른 방식으로 숙고하고 반응한다. 학생들이 각자 자신의 방식대로 숙고하고 반응할 수 있는 기회를 어떻게 만들어 줄 수 있는가?
• 하나님의 선한 창조의 사례는 무엇인가? 이런 것을 물리적 창조세계에만 국한시키고 있지는 않은가? 예를 들어 문화적 표현은 어떻게 하나님의 예술성을 표현하는가?

"하나님이 창조하신 세상은 복잡하고 우아하며 창조주의 성품과 본성에 대한 단서로 가득 차 있다. 태양계의 장엄한 설계와 현재 관찰할 수 있는 수많은 은하계를 보면 창조주가 얼마나 창의적인지 분명하게 알 수 있다. 그러나 우리의 관찰을 망원경으로만 제한할 필요는 없다. 현미경을 통해서도 그와 동일한 다양성과 상상력을 볼 수 있다. 아주 큰 것부터 아주 작은 것까지 하나님의 복잡한 설계는 그분이 놀라운 혁신과 다양성의 창조주임을 드러낸다." _ 케네스 보아

14. 환대 실천하기

하나님의 사랑은 모든 열방에 미치며 그분의 소망은 '모든 족속과 방언과 백성과 나라'로부터 나온 한 가족을 향한다. 예수님의 십자가 사역으로 인해 이제 누구든 하나님의 가족으로 받아들여진다. 예수님은 우리가 어떻게 서로 사랑하며, '타자' 중심의 생활 방식으로 살 수 있는지 모범을 보여 주셨다. 그분은 세리와 사회에서 버림 받은 사람들과 함께 식사하셨다. 그분은 모든 사람을 불쌍히 여기셨다. 그분의 사랑은 무조건적이었다. 예수님의 모범에 따라, 그리고 그분이 성령을 통해 우리 안에서 일하실 때, 우리는 우리가 가진 자원과 개인의 은사를 사용하여 다른 사람을 부양하고 섬긴다. 환대는 가족과 친구를 넘어 도움이 필요한 사람들, 심지어 우리가 알지 못하는 사람들에게까지 확장된다. 환대에는 우리의 삶과 은사를 서로 아낌없이 나누는 것이 포함된다. 그것은 단지 한 끼 식사를 제공하는 것 이상이다.

"우리는 형제를 사랑함으로 사망에서 옮겨 생명으로 들어간 줄을 알거니와 사랑하지 아니하는 자는 사망에 머물러 있느니라 … 그가 우리를 위하여 목숨을 버리셨으니 우리가 이로써 사랑을 알고 우리도 형제들을 위하여 목숨을 버리는 것이 마땅하니라 누가 이 세상의 재물을 가지고 형제의 궁핍함을 보고도 도와 줄 마음을 닫으면 하나님의 사랑이 어찌 그 속에 거하겠느냐 자녀들아 우리가 말과 혀로만 사랑하지 말고 행함과 진실함으로 하자"(요일 3:14, 16-18).

"무엇보다도 뜨겁게 서로 사랑할지니 사랑은 허다한 죄를 덮느니라 서로 대접하기를 원망 없이 하고 각각 은사를 받은 대로 … 서로 봉사하라"(벧전 4:8-10).

"손님 대접하기를 잊지 말라 … 너희도 함께 갇힌 것 같이 갇힌 자를 생각하고 너희도 몸을 가졌은즉 학대 받는 자를 생각하라"(히 13:2, 3).

"… 네가 점심이나 저녁이나 베풀거든 벗이나 형제나 친척이나 부한 이웃을 청하지 말라 … 잔치를 베풀거든 차라리 가난한 자들과 몸 불편한 자들과 저는 자들과 맹인들을 청하라 그리하면 그들이 갚을 것이 없으므로 네게 복이 되리니 이는 의인들의 부활시에 네가 갚음을 받겠음이라 하시더라"(눅 14:12-14).

교실에서 묻는 본질적 질문

• 나는 환영하고 있는가? 우리는 환영하고 있는가?

• 음식은 환대에 필수적인가?

• 우리가 환대에 시간, 돈, 노력을 써야 하는 이유는 무엇인가?

• 환대를 나눌 사람을 어떻게 선택하는가?

• 환대를 하기 위해 나의 은사를 어떻게 사용할 수 있는가?

교사를 위한 심층 질문

• 모든 학생이 교실에서 환영 받는다고 느끼는가?

• 교실 안팎에서 환대를 어떻게 실천하고 있는가? 학생들이 어떻게 자신들이 가진 환대의 은사를 표현하도록 하고 있는가?

• 학생들과 함께 시간을 보낼 기회를 간절히 바라고 있는가?

• 가장 격려가 필요한 사람들에게 어떻게 환대와 연민을 베풀 수 있는가?

• 학생/교사/학교에게 어떻게 관대함의 정신을 배양하고 있는가?

"예수님은 회당에서 가르치시고 성전에서 복음을 전하셨지만, 하나님 나라의 문제를 다루기 위해 선택하신 곳은 환대의 장소였던 것 같다. 모든 복음서의 저자들은 우리에게 식사하면서 대화하는 예수님의 이야기를 들려주고 있다. 모든 문화에서 식탁은 환대의 중심이다. 먹는 것과 대화하는 것은 함께 간다." _ 유진 피터슨

15. 평화 추구하기

하나님은 평화로운 창조세계를 건설하셨으나 타락으로 인해 부조화가 일어났다. 깨어짐과 전쟁이 모든 관계와 삶을 손상시켰다. 그러나 하나님은 우리를 비탄의 구렁텅이에서 뒹굴도록 내버려두지 않으셨다. 하나님은 성경적인 평화 혹은 샬롬을 찾을 수 있는 길을 지정하셨다. 그리스도를 통해서 인간과 하나님 사이, 인간들 사이, 인간과 세상 사이에 평화로운 관계를 추구하고 회복하는 것이 가능해진 것이다. 평화를 추구하는 것은 정의를 향한 요구와 밀접하게 연관되어 있으며, 이는 깨어짐을 치유하고 관계를 회복하는 결과를 가져온다. 그러나 그것은 또한 창조세계를 하나님께서 원래 의도하셨던 대로 회복시키려고 노력한다. 평화를 추구하는 것이 억압 받는 사람들을 회복시키고 연약한 사람들을 일으켜 세우는 곳에서는 생태학적 쇠퇴, 폭력과 범죄, 무기력한 빈곤과 실업, 개인적 학대와 서구의 자기중심적인 생활 방식의 과잉을 찾아볼 수 없게 될 것이다.

"마지막으로 말하노니 형제들아 기뻐하라 온전하게 되며 위로를 받으며 마음을 같이하며 평안할지어다 또 사랑과 평강의 하나님이 너희와 함께 계시리라 거룩하게 입맞춤으로 서로 문안하라"(고후 13:11).

"그리스도의 평강이 너희 마음을 주장하게 하라 너희는 평강을 위하여 한 몸으로 부르심을 받았나니 너희는 또한 감사하는 자가 되라"(골 3:15).

"아버지께서는 모든 충만으로 예수 안에 거하게 하시고 그의 십자가의 피로 화평을 이루사 만물 곧 땅에 있는 것들이나 하늘에 있는 것들이 그로 말미암아 자기와 화목하게 되기를 기뻐하심이라"(골 3:19, 20).

"그 때에 이리가 어린 양과 함께 살며 표범이 어린 염소와 함께 누우며 송아지와 어린 사자와 살진 짐승이 함께 있어 어린 아이에게 끌리며"(사 11:6).

"주의 성령이 내게 임하셨으니 이는 가난한 자에게 복음을 전하게 하시려고 내게 기름을 부으시고 나를 보내사 포로 된 자에게 자유를, 눈 먼 자에게 다시 보게 함을 전파하며 눌린 자를 자유롭게 하고 주의 은혜의 해를 전파하게 하려 하심이라 하였더라"(눅 4:18, 19).

교실에서 묻는 본질적 질문

• '세계 평화'란 무엇인가? 그것이 우리의 목표인가?
• 깨어진 세상에서 평화를 지속적으로 유지할 수 있는가?
• 깨어진 모든 관계를 회복할 수 있는가?

• 왜 평화는 단지 문제가 없는 상태로 정의할 수 없는가?
• 갈등에 대한 접근 방식은 항상 평화적일 수 있는가?

교사를 위한 심층 질문

• 우리 학교/교실의 구조와 학습 과정은 깨진 관계의 해결과 평화의 회복을 촉진하고 있는가?
• 굶주린 자들을 먹이고, 나그네를 영접하며, 병든 사람과 노인, 정서적으로 상처 받은 사람들을 돌보기 위해 학교에서 실천할 수 있는 방법은 무엇인가?
• 학습 중인 단원에서 제기되는 사회 정의 문제와 회복의 필요성은 무엇인가?
• 학생들에게 학교, 이웃, 세상에서 일어나는 불의에 대하여 강하게 발언할 기회를 제공하고 있는가?
• 우리는 창조세계를 돌보는 일에 있어서 어떻게 평화의 대리인이 될 수 있는가?

"평화, 곧 샬롬은 단지 적의가 없는 상태나 올바른 관계에 있는 것만을 의미하지 않는다. 가장 높은 수준의 샬롬은 하나님과, 자기 자신과, 이웃과, 자연과 원만한 관계 안에서 즐기는 것이다. 샬롬 안에 거한다는 것은 하나님 앞에서, 물리적 환경에서, 동료들과 함께, 자기 자신과의 관계에서 삶을 누리는 것이다." _ 니콜라스 월터스토프

16. 창조성 반영하기

하나님은 그분이 만드신 만물을 통해서 자신의 창조성을 드러내신다. 장엄한 우주와 우리 인간을 포함한 그 안의 만물은 하나님의 예술적 재능을 증거한다. 결과적으로 하나님의 형상대로 지음 받은 우리에게는 하나님의 창조성이 부여되어 있다. 하나님의 예술 작품인 우리에게는 창조주의 기술과 솜씨, 재능, 다양성, 보살핌이 반영되어 있다. 우리의 창조적인 재능은 단지 특정인에게만 주어진 순수 예술이나 특별한 은사에만 국한되지 않는다. 우리 각자에게는 영감 있고 표현력이 풍부한 사물과 아이디어를 창조할 능력이 있다. 왜냐하면 그것이 우리 안에 있는 하나님의 속성을 반영하고 있기 때문이다. 우리가 창조적인 일을 하거나 창조적인 것들을 만들 때 (애초에 우리가 그런 일을 하도록 만들어졌음을 반영한다.) 우리를 만드신 이에게 찬양을 돌리고, 인생과 사회의 번영에 기여한다.

"태초에 하나님이 천지를 창조하시니라 … 하나님이 지으신 그 모든 것을 보시니 보시기에 심히 좋았더라"(창 1:1, 31a).

"하나님이 이르시되 우리의 형상을 따라 우리의 모양대로 우리가 사람을 만들고 그들로 바다의 물고기와 하늘의 새와 가축과 온 땅과 땅에 기는 모든 것을 다스리게 하자 하시고 하나님이 자기 형상 곧 하나님의 형상대로 사람을 창조하시되 남자와 여자를 창조하시고"(창 1:26, 27).

"주께서 내 내장을 지으시며 나의 모태에서 나를 만드셨나이다 내가 주께 감사하옴은 나를 지으심이 심히 기묘하심이라 주께서 하시는 일이 기이함을 내 영혼이 잘 아나이다"(시 139:13, 14).

"만물이 그에게서 창조되되 하늘과 땅에서 보이는 것들과 보이지 않는 것들과 혹은 왕권들이나 주권들이나 통치자들이나 권세들이나 만물이 다 그로 말미암고 그를 위하여 창조되었고"(골 1:16).

교실에서 묻는 본질적 질문

• 모든 사람은 창의성을 재능으로 가지고 있는가?
• 하나님은 나를 어떻게 창의적인 존재로 만드셨는가?
• 예술과 창조적 표현이 어떻게 사회를 풍요롭게 하는가?
• 우리는 어떻게 예술 작품의 가치를 평가하는가?
• 예술은 아름다워야 하는가?

"예술가든 아니든 주께서 모든 사람에게 바라시는 미적인 순종은 도전과 위로, 풍성한 자유, 근본적인 샬롬으로 가득한 과제이다." _ 캘빈 시어벨드

교사를 위한 심층 질문

• 창조성은 어떻게 단순한 예술 작품 너머로 확장되는가?
• 예술 작품은 어떻게 예술가의 세계관을 반영하는가?
• 기독교 예술이 존재하는가? 그리스도인은 저절로 기독교적인 예술 작품을 만들어 내는가?
• 예술은 문화에 따라 다르게 표현된다. 감상은 언제나 '보는 이의 눈'에 있는가?
• 창의성을 반영하는 것은 어떤 방식으로 하나님에 대한 섬김과 다른 사람에 대한 섬김이 되는가?

"창세기의 첫 구절에서부터 하나님께서는 창조적이고 합리적이며 능력 있는 분이라는 것과, 그분이 행하신 모든 것이 선하다는 것이 명백하게 드러난다. 창조세계에서 그분이 하신 일은 놀라운 행동이었다. 우리 주변의 모든 것을 살펴보면, 창조성은 하나님의 근본적인 속성이며 그분의 존재의 기쁨 중 하나이다. … 하나님이 '나처럼 되어서 내가 하는 일을 너도 하여라'라고 말씀하실 때 그분은 우리가 하는 모든 일에서 창의적이 되길 원하셨다." _ 도노반 그래함

17. 놀이 즐기기

세상에 만연한 두려움과 절망, 고역은 하나님이 의도하신 것이 아니었다. 하나님은 인류에게 동산(생명의 모든 것)을 주시고 가서 놀라고 말씀하셨지만 우리는 그분에게 등을 돌리고 다른 음성을 들었다. 우리의 구속주께서 살아 계시기 때문에 우리는 하나님께서 의도하신 충만하고 풍성한 삶을 다시 찾을 수 있다. 하나님께서 그리스도 안에서 우리를 위해 행하신 일로 인해 우리는 기쁨으로 놀라고 활기차게 살아갈 수 있다. 사랑이 모든 두려움을 몰아냈기 때문에 우리는 기쁨으로 충만한 삶을 살고 하나님의 즐거움을 누릴 수 있다. 우리는 하나님의 자녀로서 그분이 지으신 창조세계를 보며 별들과 함께 그 경이로움을 노래하고 기쁨으로 외칠 수 있다. 이렇게 풍요롭고 활기찬 세상에 살아 있다는 경이로움과 놀라움을 우리는 살아 있는 놀이라고 부른다. 놀이는 그저 경박스러운 것이 아니며 진지한 일과 반대되는 것도 아니다. 그것은 하나님의 공급하심과 하나님의 선물인 생명을 즐거워하는 태도이다. 그것은 삶의 미적, 창의적, 상상적 차원에만 국한되지 않으며 소수에게만 주어지는 것도 아니다. 삶의 태도로서 유쾌한 기쁨은 하나님의 세상에 적극적으로 참여하도록 모든 사람에게 주어진 초대이다. 놀이는 상상력을 자극하고, 호기심을 키우며, 발견과 탐구, 실험을 촉진한다. 놀이는 창의적인 재능을 장려하고, 일과 휴식의 통합을 돕는다.

"하나님이 그들에게 복을 주시며 하나님이 그들에게 이르시되 생육하고 번성하여 땅에 충만하라, 땅을 정복하라, 바다의 물고기와 하늘의 새와 땅에 움직이는 모든 생물을 다스리라 하시니라"(창세기 1:28).

"그가 하늘을 지으시며 궁창을 해면에 두르실 때에 내가 거기 있었고 그가 위로 구름 하늘을 견고하게 하시며 바다의 샘들을 힘 있게 하시며 바다의 한계를 정하여 물이 명령을 거스르지 못하게 하시며 또 땅의 기초를 정하실 때에 내가 그 곁에 있어서 창조자가 되어 날마다 그의 기뻐하신 바가 되었으며 항상 그 앞에서 즐거워하였으며 사람이 거처할 땅에서 즐거워하며 인자들을 기뻐하였느니라"(잠 8:27-31).

"소망의 하나님이 모든 기쁨과 평강을 믿음 안에서 너희에게 충만하게 하사 성령의 능력으로 소망이 넘치게 하시기를 원하노라"(롬 15:13).

"범사에 우리 주 예수 그리스도의 이름으로 항상 아버지 하나님께 감사하며"(엡 5:20).

"내가 땅의 기초를 놓을 때에 네가 어디 있었느냐 네가 깨달아 알았거든 말할지니라 … 그 때에 새벽 별들이 기뻐 노래하며 하나님의 아들들이 다 기뻐 소리를 질렀느니라 … 너는 별자리들을 각각 제 때에 이끌어 낼 수 있으며 북두성을 다른 별들에게로 이끌어 갈 수 있겠느냐 … 네가 번개를 보내어 가게 하되 번개가 네게 우리가 여기 있나이다 하게 하겠

느냐 … 누가 지혜로 구름의 수를 세겠느냐 누가 하늘의 물주머니를 기울이겠느냐"(욥 38:4, 7, 32, 35, 37)

교실에서 묻는 본질적 질문

- 놀이에는 목적이 있는가? 왜 놀이가 중요한가?
- 모든 사람이 번성하는 삶을 살아야 하는가?
- 하나님이 정말로 가서 놀라고 말씀하셨는가?
- 모든 수업에서 놀 기회를 가져야 하는가?
- 장난/놀이가 정말로 하나님께 영광을 돌리는 것인가? 하나님이 그런 경박스러움에 관심이 있으신가?

교사를 위한 심층 질문

- 우리는 일과 휴식과 놀이 사이의 균형을 찾을 수 있는가?
- '즐거운 놀이'로의 초대는 모든 사람을 위한 것이다. 일부 사람들이 그 초대를 받아들이지 않는 이유는 무엇인가?
- 놀이와 창의성에 대한 낭만적이고 전통적인 이해의 문제점은 무엇인가?
- 취학 전에는 계속 놀이를 즐기다가 의무교육이 시작되면 진지한 학습을 강조해야 하는가?
- 하나님께서 여전히 그분의 창조세계와 상호작용하고 놀이를 하고 계신다고 생각하는가?

"우리의 상상력과 창의성을 키우는 것은 놀이이며, 이전에 한 번도 생각해 본 적 없는 아이디어를 하나로 엮을 수 있게 해주는 것도 놀이이다. 세상을 느긋하게 즐기고 손을 더럽히는 것이 창조세계를 경험할 수 있게 해주고, … 다른 방식으로는 접할 수 없었을 관계를 연결하고 볼 수 있게 해준다." _ 더그 블롬버그

18. 정의 추구하기

성경에서 하나님은 자신을 정의의 하나님으로서 계시하신다. 예수님을 통해서 그분은 열방에 정의를 선포하셨다. 근대적인 정의의 개념은 법과 개인의 권리에 초점을 맞추고 있다. 성경적 관점에서의 정의는 모든 사람을 공정하고 평등하게 대우하는 것이며, 범법자에 대한 처벌이든 약자에 대한 배려이든 각 사람에게 필요한 것을 주는 것이다. 정의는 사회 전체의 안녕, 즉 사회적 샬롬 혹은 사회적 조화를 촉진한다. 정의롭게 행동하는 것은 우리 자신을 부인하고 공동체의 이익을 위하여 적극적으로 일하는 것이다. 정의는 공평하게 적용된다. 그것은 편애하거나 편파적이지 않다. 성경에서 정의와 의(righteousness)는 밀접하게 연관되어 있다. 정의는 단지 불공정한 것에 대항하는 것뿐만 아니라, 올바른 방식으로 살아가고 타인을 섬기는 헌신을 통해 하나님의 사랑을 표현할 것을 요청한다.

"하늘이 그의 공의를 선포하리니 하나님 그는 심판장이심이로다 (셀라)"(시 50:6).

"선행을 배우며 정의를 구하며 학대 받는 자를 도와 주며 고아를 위하여 신원하며 과부를 위하여 변호하라 하셨느니라"(사 1:17).

"사람아 주께서 선한 것이 무엇임을 네게 보이셨나니 여호와께서 네게 구하시는 것은 오직 정의를 행하며 인자를 사랑하며 겸손하게 네 하나님과 함께 행하는 것이 아니냐"(미 6:8).

"오직 정의를 물 같이, 공의를 마르지 않는 강 같이 흐르게 할지어다"(암 5:24).

"여호와는 천지와 바다와 그 중의 만물을 지으시며 영원히 진실함을 지키시며 억눌린 사람들을 위해 정의로 심판하시며 주린 자들에게 먹을 것을 주시는 이시로다 여호와께서는 갇힌 자들에게 자유를 주시는도다 여호와께서 맹인들의 눈을 여시며 여호와께서 비굴한 자들을 일으키시며 여호와께서 의인들을 사랑하시며 여호와께서 나그네들을 보호하시며 고아와 과부를 붙드시고 악인들의 길은 굽게 하시는도다"(시 146:6-9).

교실에서 묻는 본질적 질문

- 진정한 정의란 무엇인가?
- 누가 판단할 권리를 가지고 있는가?
- 우리는 어떻게 불의에 반응하는가?

- 정의에 대한 감각은 사람들에게 자연적으로 생기는가?
- 정의는 어떻게 성취되는가? 예를 들면 정의는 벌을 통해서 성취되는가?

교사를 위한 심층 질문

- 정의에 대한 하나님의 관점은 우리 법 체계의 정의와 어떻게 다른가?
- 학생들은 공정성과 정의에 대해 매우 강한 의식을 가지고 있다. 어떻게 하면 학생들에게 이런 이해를 형성하고 정의에 대한 하나님의 관점으로 인도할 수 있는가?
- 성경에서 정의와 의는 종종 함께 나타난다. 정의와 의는 어떻게/왜 그토록 밀접하게 연결되어 있는가?
- 우리의 생활 방식은 어떻게 정의에 대한 우리의 이해를 실현하는가? 우리는 이것을 어떻게 교실에 적용하고 있는가?
- 정의의 행동을 통해서 어떻게 다른 사람들에게 하나님의 사랑을 보여 줄 수 있는가?

"사람들은 대부분 예수께서 용서와 은혜를 베풀기 위해 오셨다는 사실을 알고 있다. 그러나 예수 그리스도의 은혜를 진정으로 경험하면 필연적으로 세상에서 정의를 추구하게 된다는 성경의 가르침은 잘 알려지지 않았다." _ 팀 켈러

19. 문화 형성하기

하나님은 우리에게 그분의 선한 창조세계를 주시고 주의 깊고 창의적이며 기쁨으로 관리하게 하셨다. 이 과업은 단지 자연 세계에만 국한되지 않고, 하나님의 목적대로 살아가는 문화를 만들어 가는 일도 포함한다. 그분은 그러한 과업을 완수하는 데 필요한 다양한 은사를 우리 모두에게 주셨다. 우리는 하나님의 형상을 지닌 존재로서 우주의 모든 요소를 창조하시고 유지하시는 하나님을 반영한다. 예수님은 지상에서의 사역과 죽음과 부활을 통하여 문화를 사랑으로 형성하는 궁극적인 모범이 되셨다. 우리도 예수님처럼 겸손하게 우리 문화에 참여하면서 다른 사람들에게 그리스도 안에 있는 대안적 생활 방식을 정중하고 은혜롭게 보여 준다. 우리는 성령의 인도함을 받고, 성경이 이끄는 대로, 대항-문화적인(counter-cultural) 삶을 살아감으로써 문화를 형성한다. 그리스도를 통해서 우리는 다른 사람의 필요를 먼저 채우고, 죄 지은 자를 용서하며, 소비하기보다는 섬기고, 우리의 은사를 신실하게 사용하며, 억압 받는 자들의 편에 서고, 우리의 창조세계를 보살피며, 다른 사람의 성공을 기뻐하고, 좋은 소식을 나누며, 왕의 자녀로서 기쁘게 살아간다.

"오직 사랑 안에서 참된 것을 하여 범사에 그에게까지 자랄지라 그는 머리니 곧 그리스도라 그에게서 온 몸이 각 마디를 통하여 도움을 받음으로 연결되고 결합되어 각 지체의 분량대로 역사하여 그 몸을 자라게 하며 사랑 안에서 스스로 세우느니라"(엡 4:15, 16).

"예수께서 대답하여 이르시되 어떤 사람이 예루살렘에서 여리고로 내려가다가 강도를 만나매 강도들이 그 옷을 벗기고 때려 거의 죽은 것을 버리고 갔더라 마침 한 제사장이 그 길로 내려가다가 그를 보고 피하여 지나가고 또 이와 같이 한 레위인도 그 곳에 이르러 그를 보고 피하여 지나가되 어떤 사마리아 사람은 여행하는 중 거기 이르러 그를 보고 불쌍히 여겨 가까이 가서 기름과 포도주를 그 상처에 붓고 싸매고 자기 짐승에 태워 주막으로 데리고 가서 돌보아 주니라 그 이튿날 그가 주막 주인에게 데나리온 둘을 내어 주며 이르되 이 사람을 돌보아 주라 비용이 더 들면 내가 돌아올 때에 갚으리라 하였으니 네 생각에는 이 세 사람 중에 누가 강도 만난 자의 이웃이 되겠느냐"(눅 10:30-36).

"떡이 하나요 많은 우리가 한 몸이니 이는 우리가 다 한 떡에 참여함이라 육신을 따라 난 이스라엘을 보라 제물을 먹는 자들이 제단에 참여하는 자들이 아니냐 그런즉 내가 무엇을 말하느냐 우상의 제물은 무엇이며 우상은 무엇이냐 무릇 이방인이 제사하는 것은 귀신에게 하는 것이요 하나님께 제사하는 것이 아니니 나는 너희가 귀신과 교제하는 자가 되기를 원

하지 아니하노라"(고전 10:17-20).

"또 이르시되 우리가 하나님의 나라를 어떻게 비교하며 또 무슨 비유로 나타낼까 겨자씨 한 알과 같으니 땅에 심길 때에는 땅 위의 모든 씨보다 작은 것이로되 심긴 후에는 자라서 모든 풀보다 커지며 큰 가지를 내나니 공중의 새들이 그 그늘에 깃들일 만큼 되느니라"(막 4:30-32).

교실에서 묻는 본질적 질문

- 문화를 형성하는 것이 가능하기는 한가?
- 대항-문화적으로(counter-culturally) 살아간다는 것은 무엇을 의미하는가?
- 우리 문화의 좋은 점과 나쁜 점을 어떻게 구분하는가?
- 우리는 왜 원수를 사랑해야 하는가?
- 우리 문화에서 어떻게 타인 중심적인 사람이 될 수 있는가?

교사를 위한 심층 질문

- 학생들에게 문화를 형성하기 위해 어떤 기회를 제공하고 있는가?
- 우리 교실은 억압 받는 사람들을 옹호하고, 다른 사람들을 우선시하며, 다른 사람들의 성공에 기뻐하는 환경을 조성하고 있는가?

- 이 단원에서 '흐름을 역행하여 사는 것'은 무엇을 의미하는가?
- 교사로서 문화 운동과 사상을 비판하는 능력을 어떻게 개발할 수 있는가?
- 우리가 하나님이 주신 은사를 실천함으로써 필연적으로 문화를 형성하는 것이 하나님의 계획일 수 있다고 생각하는가?

"우리의 과업은 새로운 창조의 계시에 참여하는 것이다. 바로 앞에 선 요셉, 느부갓네살 앞에 선 다니엘, 로마 제국에서의 바울처럼 우리는 다가올 세상을 작고 불안전하게나마 보여 주기 위해 이 타락한 세상 안에서 활동하며 살아간다. 우리는 내부에서 제국을 전복시킨다. 우리는 하나님의 나라를, 비록 타락했지만 하나님의 구속을 받고 있는 이 세상 사람들에게 보여 주는 일에 속해 있다. 우리는 그분의 이야기 속에서 살아간다. 그리고 이 이야기, 즉 성경 이야기는 모든 것을 변화시킨다."
_ 로션 앨프레스와 앤드류 셰이미

20. 자비 베풀기

하나님은 자비로우시다. 자비는 종종 연민, 동정, 공감과 같은 단어들과 연결된다. 자비를 베푼다는 것은 누군가를 징계하거나 판단하고 무시할 수 있는 권한이 있음에도 그 사람에 대해 연민을 갖고 그 사람 입장에서 생각하는 것이다. 하나님의 가장 위대한 자비의 행동은 인간의 모습으로 이 땅에 오신 그분의 아들 예수 그리스도를 통해서 나타났다. 예수님은 고난과 시험을 겪으셨기 때문에 고난과 시험을 이해하신다. 우리는 십자가에서 우리의 죄가 처리되었다는 것이 무엇을 의미하는지 알기 때문에 자비를 베푼다. 하나님께서 우리에게 자비를 베푸셨기 때문에 우리도 자비로울 수 있다.

"긍휼히 여기는 자는 복이 있나니 그들이 긍휼히 여김을 받을 것임이요"(마 5:7).

"오직 너희는 원수를 사랑하고 선대하며 아무 것도 바라지 말고 꾸어 주라 그리하면 너희 상이 클 것이요 또 지극히 높으신 이의 아들이 되리니 그는 은혜를 모르는 자와 악한 자에게도 인자하시니라 너희 아버지의 자비로우심 같이 너희도 자비로운 자가 되라"(눅 6:35, 36).

"너희는 자유의 율법대로 심판 받을 자처럼 말도 하고 행하기도 하라 긍휼을 행하지 아니하는 자에게는 긍휼 없는 심판이 있으리라 긍휼은 심판을 이기고 자랑하느니라"(약 2:12, 13).

"그러므로 너희는 하나님이 택하사 거룩하고 사랑 받는 자처럼 긍휼과 자비와 겸손과 온유와 오래 참음을 옷 입고 누가 누구에게 불만이 있거든 서로 용납하여 피차 용서하되 주께서 너희를 용서하신 것 같이 너희도 그리하고"(골 3:12, 13).

"오직 위로부터 난 지혜는 첫째 성결하고 다음에 화평하고 관용하고 양순하며 긍휼과 선한 열매가 가득하고 편견과 거짓이 없나니 화평하게 하는 자들은 화평으로 심어 의의 열매를 거두느니라"(약 3:17, 18).

교실에서 묻는 본질적 질문

- 자비란 무엇인가?
- 누가 자비를 받을 자격이 있는가? 하나님께서는 어떻게 자비를 베푸시는가?
- 우리에게 상처를 주거나 공격하는 사람들에게 어떻게 행동해야 하는가?

- 공감은 어떻게 자비를 베풀도록 장려하는가?
- 자비를 베푸는 것은 대항-문화적(counter-cultural)인가?

교사를 위한 심층 질문

- 교실에서 동정과 자비는 어떻게 드러나는가?
- 학생들에게 다른 사람의 잘못을 용서하고 자비를 베풀라고 가르치려면 어떻게 해야 하는가?
- 학생들에게 자비가 필요한 사람에게 공감하고 그들을 돌보도록 어떻게 격려하는가?
- 수업 중 의도적으로 공감 능력을 키울 수 있는 기회를 어떻게 만들고 있는가? 예를 들어, 작품 속 등장인물의 입장이 되어 보면 어떤 느낌일까? 그들은 무슨 생각을 하고 있었을까?
- 예수님은 "너희 아버지가 자비하신 것 같이 너희도 자비하라"라고 말씀하셨다. 그리스도인은 자비를 베풀거나 베풀지 않을 선택권이 있는가? 자비와 은혜는 어떤 관련이 있는가?

오, 하나님, 굶주린 자들에게는 빵을 주시고, 빵을 가진 우리에게는 정의에 대한 굶주림을 주소서.
_ 어느 중남미 그리스도인의 기도

"친구에게만 자비를 베푸는 것만으로는 부족하다. 나쁜 사람에게도 자비를 베풀라. 당신을 잔인하게 대하는 사람에게도 자비를 베풀라. 그러면 사람들이 경탄할 것이다. 나쁜 사람에게 자비를 베풀면 한낱 평범한 인간이 주인의 친밀한 친구가 된다." _ 카메론 세멘스

21. 생각 변혁하기

하나님은 그분의 말씀과 창조세계를 통해 그분의 생각을 계시하신다. 그분은 말씀으로 우리의 생각과 삶을 인도하신다. 로마서 12장 2절의 '변화를 받아'라는 헬라어 단어는 영어 단어 'metamorphosis'의 어근으로, '완전한 변화'를 의미한다. 우리의 사고에는 완전한 변혁이 필요하다. 세상은 하나님께서 정하신 기준과 완전히 상반되는 생활 방식과 사고방식을 제시한다. 우리가 그리스도 안에 있고 진리의 성령과 함께한다면, 우리의 생각은 계속해서 새로워진다. 어떻게 이 갱신의 과정에 적극적으로 참여할 수 있는가? 우리는 하나님의 말씀을 묵상하며 하나님의 뜻을 구한다. 우리의 모든 생각을 그리스도께 복종시킨다. 그리스도 안에서 자유를 얻기 때문이다.

"너희는 이 세대를 본받지 말고 오직 마음을 새롭게 함으로 변화를 받아 하나님의 선하시고 기뻐하시고 온전하신 뜻이 무엇인지 분별하도록 하라"(롬 12:2).

"우리가 육신으로 행하나 육신에 따라 싸우지 아니하노니 우리의 싸우는 무기는 … 하나님의 능력이라 모든 이론을 무너뜨리며 하나님 아는 것을 대적하여 높아진 것을 다 무너뜨리고 모든 생각을 사로잡아 그리스도에게 복종하게 하니" (고후 10:3-5).

"아무 것도 염려하지 말고 다만 모든 일에 기도와 간구로, 너희 구할 것을 감사함으로 하나님께 아뢰라 그리하면 모든 지각에 뛰어난 하나님의 평강이 그리스도 예수 안에서 너희 마음과 생각을 지키시리라 끝으로 형제들아 무엇에든지 참되며 무엇에든지 경건하며 무엇에든지 옳으며 무엇에든지 정결하며 무엇에든지 사랑 받을 만하며 무엇에든지 칭찬 받을 만하며 무슨 덕이 있든지 무슨 기림이 있든지 이것들을 생각하라"(빌 4:6-8).

"너희는 유혹의 욕심을 따라 썩어져 가는 구습을 따르는 옛 사람을 벗어 버리고 오직 너희의 심령이 새롭게 되어 하나님을 따라 의와 진리의 거룩함으로 지으심을 받은 새 사람을 입으라"(엡 4:22-24).

"이는 내 생각이 너희의 생각과 다르며 내 길은 너희의 길과 다름이니라 여호와의 말씀이니라 이는 하늘이 땅보다 높음 같이 내 길은 너희의 길보다 높으며 내 생각은 너희의 생각보다 높음이니라"(사 55:8, 9).

교실에서 묻는 본질적 질문

- 세상에는 무슨 문제가 있는가?
- 나쁜 생각이 나쁜 이유는 무엇인가? 좋은 생각이 좋은 이유는 무엇인가?
- 우리의 생각을 어떻게 변혁시킬 수 있는가? 어떻게 해야 적극적으로 그리스도의 마음을 품을 수 있는가?
- 사고 패턴은 어떻게 우리의 태도와 행동을 형성하는가?
- 우리의 생각은 다른 사람에게 어떤 영향을 미치는가?

교사를 위한 심층 질문

- 학생들이 자신의 생각에 대하여 생각해 보도록 어떻게 격려하는가?
- 교실에서 세상의 사고방식과 하나님의 사고방식이 상충한다는 것을 강조하기 위해 어떤 순간을 활용하는가?
- 교실에서 말씀에서 하나님의 뜻을 구하기 위해 얼마나 자주 성경을 펴는가? 문제가 되는 사안에 대해서 학생들이 하나님의 생각을 이해하도록 어떤 방법을 사용하는가?
- 예수님의 십자가는 우리의 사고 방식을 어떻게 재구성하는가?
- 새로워진 마음은 '시험하고 승인하는 것' 혹은 분별하고 비판하는 데 어떻게 도움이 되는가?

"모든 생각을 예수 그리스도에게 복종시킨다는 것은 우리가 중립적이지 않다는 것을 인정하고, 우리의 사고에 대한 그분의 주권을 인정하기로 하는 것을 의미한다."
_ 리처드 에들린과 질 아일랜드

22. 소명 이해하기

하나님은 일하는 분이시며, 우리는 우리의 일에 창조주를 반영할 수 있다. 하나님께서는 엿새 동안 일하고 안식하셨다. 인간의 타락 이후에 일은 힘든 노동과 고역이 되었다. 그러나 하나님께서는 우리의 수고를 헛되게 내버려두지 않으셨다. 하나님께서는 일을 저주가 아닌 복으로 주셨다. 일은 그분의 창조세계를 개발하는 데 생산적으로 참여하는 수단이며, 이 일을 통해 모든 사람이 번성한다. 하나님께서는 우리 각 사람을 불러서 우리가 그분에게 받은 은사를 이해하고, 올바른 선택을 하며, 기회를 포착하고, 직업을 그분을 섬기는 수단으로 인식함으로써 소명 의식을 발견하여 열심히 일하도록 하셨다. 직업적 소명, 부르심, 섬김에 대한 이해는 학교의 목적이 학생들에게 직업을 준비시키는 것이라는 왜곡된 인식에 도전한다. 직업에 대한 새로운 이해는 또한 휴식과 직업적 전환, 고용된 직업에 국한되지 않는 소명에 따른 섬김의 태도, 은사 발견하기, 열정과 흥미, 태도와 책임, 일의 존엄성, 심지어 일을 통한 기쁨과 같은 고려 사항도 포함한다.

"하나님이 그가 하시던 일을 일곱째 날에 마치시니 그가 하시던 모든 일을 그치고 일곱째 날에 안식하시니라 하나님이 그 일곱째 날을 복되게 하사 거룩하게 하셨으니 이는 하나님이 그 창조하시며 만드시던 모든 일을 마치시고 그 날에 안식하셨음이니라"(창 2:2, 3).

"여호와 하나님이 에덴 동산에서 그를 내보내어 그의 근원이 된 땅을 갈게 하시니라"(창 3:23).

"은과 놋으로 예물을 삼는 모든 자가 가져다가 여호와께 드렸으며 섬기는 일에 소용되는 조각목이 있는 모든 자는 가져왔으며 마음이 슬기로운 모든 여인은 손수 실을 빼고 그 뺀 청색 자색 홍색 실과 가는 베 실을 가져왔으며 마음에 감동을 받아 슬기로운 모든 여인은 염소 털로 실을 뽑았으며"(출 35:24-26).

"기쁜 마음으로 섬기기를 주께 하듯 하고 사람들에게 하듯 하지 말라"(엡 6:7).

"종들아 모든 일에 육신의 상전들에게 순종하되 사람을 기쁘게 하는 자와 같이 눈가림만 하지 말고 오직 주를 두려워하여 성실한 마음으로 하라 무슨 일을 하든지 마음을 다하여 주께 하듯 하고 사람에게 하듯 하지 말라 이는 기업의 상을 주께 받을 줄 아나니 너희는 주 그리스도를 섬기느니라 불의를 행하는 자는 불의의 보응을 받으리니 주는 사람을 외모로 취하심이 없느니라"(골 3:22-25).

교실에서 묻는 본질적 질문

• 우리는 왜 일해야 하는가? 모든 사람이 일해야 하는가?

• 학생으로서 우리의 '일'은 무엇인가?

• 힘들지 않은 일도 여전히 일인가? 일의 대가를 꼭 받아야 하는가?

• 나에게 맞는 직업은 무엇인가? 각 사람에게는 오직 하나의 직업만 있는가?

• 일을 통하여 어떻게 창조주를 반영하는가?

교사를 위한 심층 질문

• 우리는 모든 연령대의 어린이들의 소명을 어떻게 인식하는가?

• 우리 학생들을 '다음 세대'라고 이름 붙이는 것은 공정한가? 그들은 지금 이 사회에서 중요한 역할을 하고 하는가? 우리가 그들에게 말하고 그들에 대해 이야기하는 방식에서 이 생각을 어떻게 장려하는가?

• 일은 축복 받은 창조세계의 일부인가, 아니면 타락에 따른 저주인가? 일이 복이라면 왜 우리는 그것에 대해서 그토록 불평하는가?

• 우리가 직업적으로 응답하도록 하나님의 부르심을 받았다면 우리에게 오직 하나의 직업만 있는가? 하나님께서 주신 은사 중 1, 2가지에만 집중함으로써 학생들의 잠재력을 제한하고 있지는 않는가?

• 학생들이 직장에 들어갔을 때 응답하는 제자도를 위해 우리
  는 그들을 어떻게 준비시키고 있는가?

"그리스도인은 하나님 나라를 섬기는 주된 소명을 따르
기 위해 다양한 하위 소명(sub-vocation)을 추구한다.
그들은 찬양하고 기도하며 서로에게 그리스도의 몸과
피를 나눈다. 그들은 즐거워하는 자들과 함께 즐거워하
고 우는 자들과 함께 운다. 그들은 악에 맞서 싸우기도
하지만 연을 날리고 빵을 굽기도 한다. 소명의 일환으
로 좋은 책을 읽고 좋은 음악을 감상한다. 그들은 일을
하면서 하나님을 갈망할 수 있는 공간을 만들기 위해 일
을 쉬기도 한다." _ 코넬리우스 플랜팅가

23. 은사 계발하기

하나님은 자신의 형상대로 사람을 창조하셨다. 우리는 각자 개별성과 독특성, 복잡성을 지닌 존재로 창조되었기 때문에 하나님의 형상과 위엄, 그분의 나라를 다양한 방식으로 반영한다. 하나님께서는 각 사람에게 고유하게 부여하신 은사를 통해 그분의 세계를 개현하고 발전시키도록 사람들을 준비시키신다. 창조세계를 개현하려는 본능적 욕구(drive)는 인간 존재의 특성이다. 그렇지만 인간의 타락은 개인이 자신의 독특함을 키울 수 있는 능력을 갖추는 것을 왜곡하고 방해해 왔다. 우리 사회의 문화는 종종 학교가 주류 학교생활에 잘 들어맞는 특정 유형의 재능만 개발하는 기관이 되도록 영향을 미쳤다. 성령의 은사를 오직 지적 은사를 계발하는 것에만 국한해서는 안 된다. 그리스도를 통해 우리는 우리의 정체성을 더욱 분명히 하고 풍요롭게 하며, 우리 문화를 하나님께로 되돌리고 재창조하기 위해 은사를 계발할 수 있다.

"하나님이 자기 형상 곧 하나님의 형상대로 사람을 창조하시되 남자와 여자를 창조하시고"(창 1:27).

"우리가 한 몸에 많은 지체를 가졌으나 모든 지체가 같은 기능을 가진 것이 아니니 이와 같이 우리 많은 사람이 그리스도 안에서 한 몸이 되어 서로 지체가 되었느니라 우리에게 주신 은혜대로 받은 은사가 각각 다르니 혹 예언이면 믿음의 분수대로, 혹 섬기는 일이면 섬기는 일로, 혹 가르치는 자면 가르치는 일로, 혹 위로하는 자면 위로하는 일로, 구제하는 자는 성실함으로, 다스리는 자는 부지런함으로, 긍휼을 베푸는 자는 즐거움으로 할 것이니라"(롬 12:4-8).

"은사는 여러 가지나 성령은 같고 직분은 여러 가지나 주는 같으며 또 사역은 여러 가지나 모든 것을 모든 사람 가운데서 이루시는 하나님은 같으니 각 사람에게 성령을 나타내심은 유익하게 하려 하심이라 어떤 사람에게는 성령으로 말미암아 지혜의 말씀을, 어떤 사람에게는 같은 성령을 따라 지식의 말씀을, 다른 사람에게는 같은 성령으로 믿음을, 어떤 사람에게는 한 성령으로 병 고치는 은사를, 어떤 사람에게는 능력 행함을, 어떤 사람에게는 예언함을, 어떤 사람에게는 영들 분별함을, 다른 사람에게는 각종 방언 말함을, 어떤 사람에게는 방언들 통역함을 주시나니 이 모든 일은 같은 한 성령이 행하사 그의 뜻대로 각 사람에게 나누어 주시는 것이니라"(고전 12:4-11).

교실에서 묻는 본질적 질문

- 나는 진정 특별한 사람인가?
- 나는 나의 은사와 재능을 어떻게 사용하는가?
- 어떤 은사는 다른 은사보다 더 유용하거나 중요한가?
- 하나님께서 주신 은사를 통해 우리는 하나님에 대하여 무엇을 배울 수 있는가?
- 모든 은사는 사회를 풍요롭게 하는가?

교사를 위한 심층 질문

- 우리의 가르침은 학생들이 가진 다양한 유형의 은사를 찾도록 어떻게 돕는가?
- 다양한 능력을 가진 학생들을 어떻게 축하하고 보상하는가?
- 학생들이 자신의 은사를 서로에게 보여 주도록 어떤 기회를 제공하는가?
- 학생들이 자신의 고유성을 발견하도록 어떻게 돕는가?
- 다양한 재능을 가진 학생들이 학문적 신실함을 드러내는 것을 보장해 줄 수 있는 평가를 어떻게 설계하는가?

"학교는 학생들의 개인적인 성장과 이익을 위해서가 아니라 하나님이 주신 은사를 펼칠 수 있도록 도와주는 곳이다. 학생들은 각자의 개성을 개발하여 그리스도의 몸과 사회에 자신의 고유한 은사를 제공할 수 있도록 한다." _ 글로리아 스트롱스와 더그 블룸버그

다른 것들

제자도를 실천하는 또 다른 행동 반응들을 탐구하여 당신만의 제자도 반응을 만들어 보라.

★ 참고문헌

1장

- Dykstra, C. and Bass, D. C.(2011). Foreword. In *Teaching and Christian Practices: Reshaping Faith and Learning*. Grand Rapids, MI: Eerdmans.
- Burggraaf, H.(Ed.).(2014). *Transformational Education: A Framework for Christian Education*. Melbourne, VIC: Mount Evelyn Christian School and The Brookes-Hall Foundation.
- Postman, N.(1996). *The End of Education: Redefining the Value of School*. New York, NY: Vintage Books.
- Wright, N. T.(1992). *The New Testament and the People of God*. London: Fortress Press. 『신약성서와 하나님의 백성』, 크리스챤다이제스트, 2003.
- Wolterstorff, N.(1969). *Curriculum: By What Standard?* Grand Rapids, MI: National Union of Christian Education.

2장

- Buisman, P., Hayes, C., Hoffman, L., Moltzahn, R., Monsma, D., Monsma, C., Stolte, C., Vandergrift, E., Van't Bosch, B.(2009). *Teaching for Transformation: A Guide for Developing Christian Curriculum*. Lacombe, AB: Prairie Association of Christian Schools.
- Stronks, G. G., & Blomberg, D. G.(Eds.) (1993). *A Vision with a Task: Christian Schooling for Responsive Discipleship*. Grand Rapids, MI: Baker Books.
- Wiggins, G. P., & McTighe, J.(2011). *The Understanding by Design Guide to Creating High-Quality Units*. Alexandria, VA: ASCD.
- Bloom, B.(Ed.).(1956). *Taxonomy of Educational Objectives*, Handbook 1. Chicago: University of Chicago Press.
- Wiggins, G. P., & McTighe, J.(2005). *Understanding by Design*, Expanded 2nd Edition. Upper Saddle River, NJ: Pearson Education, Inc.
- Wiggins, G. P., & McTighe, J.(2013). *Essential Questions: Opening Doors to Student Understanding*. Alexandria, VA: ASCD

3장

- Bartholomew, C. G. & Goheen, M. W.(2004). *The Drama of Scripture: Finding Our Place in the Biblical Story*. Grand Rapids, MI: Baker Academic. 『성경은 드라마다』, IVP, 2009.
- Burggraaf, H.(Ed.).(2014). *Transformational Education: A Framework for Christian Education*. Melbourne, VIC: Mount Evelyn Christian School and The Brookes-Hall Foundation.
- Christian Reformed Church in North America.(2008). *Our World Belongs to God: a contemporary testimony*. Grand Rapids, MI.

4장

- Allpress, R. & Shamy, A.(2009). *The Insect and the Buffalo*. Christchurch: Compass.
- Blomberg, D.(2007). *Wisdom and Curriculum*: Sioux Centre, IA: Dordt College Press.
- Boa, K. Chang and Innovation. Retrieved April 15, 2015 from bible.org/seriespage/16-change-and-innovation.
- Covey, S. R., First Things First: (2003) *To Live, to Love, to Learn, to Leave a Legacy*. New York: Free Press.
- Edlin, R., & Ireland, J.(2006). Inhabiting the Mindfield: Why We Think the Way We Do, and What To Do About It. In R. Edlin J. Ireland (Eds.). *Engaging the Culture: Christians at Work in Education* (pp. 53-74). Blacktown, NSW: National Institute for Christian Education.
- Graham, D.(2003). *Teaching Redemptively: Bringing Grace and Truth into Your Classroom*. Colorado Springs, CO: Purposeful Design Publications.
- Keller, T.(2010). *Generous Justice: How God's Grace Makes Us Just*. New York, NY: Penguin Group.
- Peterson, E. H.(2008). *Tell it Slant: A Conversation on the Language of Jesus and His Stories and Prayers*. Grand Rapids, MI: Wm.B.Eerdmans Publishing Co.
- Plangtinga Jr, C.(2002). *Engaging God's World: A Christian Vision of Faith, Learning and Living*. Grand Rapids, MI: Wm.B.Eerdmans Publishing Co.
- Rasmussen, L.(1997). Shaping Communities. In D. C. Bass(Ed.). *Practicing our Faith*(pp. 119-132). San Francisco, CA: Jossey-Bass Publishers.
- Seerveld, C.(1980). *Rainbows for a Fallen World*. Toronto: Toronto Tuppence Press.
- Semmens, C.(2010). Give a Man a Fish: *Making a Difference and Being the Diffrence*. Burwood East, VIC: World Vision Australia.
- Smith, J. B.(2000). *Rich Mullins: An Arrow Pointing to Heaven*. Nashville, TN: Broadman and Holman Publishers.
- Stott, J.(2006). *Issues Facing Christians Today* (4th Ed.). Grand Rapids, MI: Baker Books.
- Stronks, G.G., & Blomberg, D.G.(Eds.) (1994). *A Vision with a Task: Christian Schooling for Responsive Discipleship*. Grand Rapids, MI: Baker Books.
- Whitehead, D. & Tyson, J.(2011). *Rumors of God: Experience the Kind of Faith You've Only Heard About*. Nashville, TN: Thomas Nelson.
- Wolterstorff, N., (1983). *Until Justice and Peace Embrace*. Grand Rapids, MI: Wm.B.Eerdmans Publishing Co. 『정의와 평화가 입 맞출 때까지』, IVP, 2007.